THAℜOHT

Enigmas do Velho Testamento

Pedro Edson da Silva

ThaЯohT

Enigmas do Velho Testamento

MADRAS®

© 2008, Madras Editora Ltda.

Editor:
Wagner Veneziani Costa

Produção e Capa:
Equipe Técnica Madras

Revisão:
Maria Cristina Scomparini
Luciana Moreira

**Dados Internacionais de Catalogação na Publicação (CIP)
(Câmara Brasileira do Livro, SP, Brasil)**

Silva, Pedro Edson da Tharoht: enigmas do Velho Testamento / Pedro Edson da Silva. — São Paulo: Madras, 2008.
ISBN 978-85-370-0351-0
1. Antigo Testamento 2. Cabala 3. Tarô
I. Título.
08-04263 CDD-133.32424

       Índices para catálogo sistemático:
  1. Antigo Testamento : Tarô : Artes divinatórias
              133.32424
  2. Tarô cabalístico : Artes divinatórias
              133.32424

Proibida a reprodução total ou parcial desta obra, de qualquer forma ou por qualquer meio eletrônico, mecânico, inclusive por meio de processos xerográficos, incluindo ainda o uso da Internet, sem a permissão expressa da Madras Editora, na pessoa de seu editor (Lei nº 9.610, de 19.2.98).

Todos os direitos desta edição reservados pela

MADRAS EDITORA LTDA.
Rua Paulo Gonçalves, 88 — Santana
CEP: 02403-020 — São Paulo/SP
Caixa Postal: 12299 — CEP: 02013-970 — SP
Tel.: (11) 2281-5555/2959-1127 — Fax: (11) 2959-3090
www.madras.com.br

À minha família
Maria Benedita *(In Memoria)*
Maria de Lourdes
Aline Fernanda
Marcos Celso
Charles Douglas
Antonio Carlos
Maria Cristina
Antonio Carlos Jr.
Augusto César

ÍNDICE

Apresentação 9
A Kabbalah Judaica 13
   A Kabbalah – A Árvore da Vida 15
   A Criação do Universo Segundo a Kabbalah 16
   A Kabbalah – A Árvore da Vida – A Criação do Universo 20
   A Criação do Homem Segundo a Kabbalah 21
   A Kabbalah – A Árvore da Vida – A Criação do Homem 23
   A Queda do Homem Segundo a Kabbalah 24
   A Kaballah – A Árvore da Vida – A Queda do Homem –
   A Separação do Universo 29
   A Origem da Thoraht (A Lei do Judaísmo) Segundo a Kabbalah 30
   A Kaballah – A Árvore da Vida – A Thoraht 31
   A Origem do Tharoht Segundo a Kabbalah 32
   A Kaballah – A Árvore da Vida – O Tharoht 34
   A Kaballah – A Árvore da Vida – A Thoraht – O Tharoht 35
   Thoraht e Tharoht – A Grafia sob a Forma da Kabbalah 36

A Origem das 22 Cartas e os Significados de suas Figuras 37
A Inquisição e o Surgimento das Cartas com as 22 Figuras 39
As Cartas e os Jogos de Adivinhação 43
    A Hermética Transformação das 22 Cartas
    em 2 Grupos de 10 44
A Provável Formação dada às Cartas 47
Conclusão 85

Apresentação

Transpondo os séculos, um conjunto de cartas de baralho, contendo 22 enigmáticas figuras, chegou aos nossos dias sem que ninguém, não obstante o esforço, tivesse, até agora, conseguido descobrir os verdadeiros motivos que as originaram.*

Objeto até de estudos psicanalíticos, existem vários trabalhos, inclusive de renomados pesquisadores como Carl Jung, que, colocando os símbolos das 22 cartas sob a luz da psicologia, transportaram-nos para os consultórios, transformando-os em instrumentos auxiliares em sessões de psicanálise.

Conhecidas como jogo do Tarô, mas também chamadas de *Livro de Thoth,* a quem, por ser considerado pelos egípcios o criador da linguagem hieróglifa, os estudiosos atribuíram a criação das lâminas originais com 22 símbolos, contendo a sabedoria do Antigo Egito. Essas cartas, que já tiveram sua origem creditada à Índia, à Pérsia como também ao Oriente, vêm fascinando muito a imagina-

---

* N.E.: Sugerimos a leitura de *Tarô de Marselha,* de Vera Martins, e *Curso de Tarô – E Seu Uso Terapêutico,* de Veet Pramad, ambos da Madras Editora.

ção das pessoas, a ponto de algumas acreditarem que foram criadas pelos Atlantes, ou mesmo por seres extraterrestres.

Muitos estudiosos se dedicaram a esclarecer os mistérios que cercavam essas figuras, sendo que alguns estiveram próximos de alcançar esse objetivo, mas acabaram por se desviar, influenciados, talvez, pelo pensamento da maioria das pessoas que vê esse conjunto de figuras apenas como um meio de previsão do futuro.

Esse fato incentivou a criação de novos conjuntos de cartas, como é o caso do médico e ocultista francês Gerald Encausse Papus, que publicou o livro O *Tarô dos Boêmios*, junto com um conjunto de cartas que, correspondendo com as 22 letras do alfabeto hebraico, traziam mescladas em suas figuras a sabedoria do Egito e da Antiga Índia.

Tornando-se popular, os conjuntos de cartas passaram a ser usados principalmente por pessoas que os utilizavam em seu próprio benefício financeiro, o que fez com que, em 1781, com o livro *O Mundo Primitivo Analisado e Comparado com o Mundo Moderno*, lançado pelo arqueólogo francês, ocultista e pastor da Igreja Reformada, Court de Gebelin, que dava o Egito como origem das cartas e relacionando-as com filosofia e religião, colocou os jogos de Tarô em um patamar mais elitista.

Mas foi o também francês Eliphas Levi,[*] pseudônimo de Alphonse Louis Constant, padre da Igreja Romana, filósofo e profundo conhecedor do ocultismo, que, associando, ainda que de modo incorreto, as 22 figuras às 22 letras do alfabeto hebraico e relacionando-as com a Árvore da Vida, esteve bem próximo de elucidar o enigma encerrado nessas cartas; contudo, acabou como

---

[*] N.E.: Sugerimos a leitura de *Dogma e Ritual de Alta Magia* e *As Chaves dos Grandes Mistérios*, de Eliphas Levi, Madras Editora.

tantos outros, por se distanciar, pois, mesmo considerando que as figuras continham os mistérios da Kabbalah judaica,* não conseguiu se desfazer da idéia de que as cartas só se prestavam para a leitura da sorte.

Atribuindo a concepção das cartas aos hebreus, comparando-as a um livro sagrado, Eliphas Levi assim se referiu às 22 figuras; "O Tarô, esse livro maravilhoso, inspirador de todos os livros sagrados dos antigos povos, é, por causa da exatidão analógica das suas figuras e dos seus números, o instrumento mais perfeito de adivinhação que possa ser empregado com inteira confiança. Com efeito, os oráculos desse livro são sempre rigorosamente verdadeiros, ao menos num sentido, e, quando nada predizem, sempre revelam coisas ocultas e dão aos consulentes os mais sábios conselhos".

Como podemos perceber, excetuando os que se propuseram a tratá-las como símbolos da consciência humana, conduzindo-as para os divãs da psicanálise, a totalidade dos estudos que foram realizados, ainda que também sejam sérios, tentando descobrir-se concretamente a origem e real objetivo dessas 22 figuras, foram obstaculizados pelo que se julgava se tratar da principal finalidade para a qual elas foram criadas: a de ser um conjunto de cartas de baralho, cujas figuras permitiam enxergar o passado, ver o presente e prever o futuro. Essa linha de pensamento acabou por impedir a correta definição de seus verdadeiros objetivos, assim como de precisar com exatidão a sua origem.

---

* N.E.: Sugerimos a leitura de *A Kabbalah da Alma*, de Leonora Leet, e *A Kabbalah Revelada*, de Knorr von Rosenroth, ambos da Madras Editora.

A crença de que essas 22 figuras foram concebidas para uma finalidade muito maior do que a de servir apenas como um possível meio de previsão do futuro fez com que eu dedicasse um longo tempo perseverando na tentativa de encontrar a "chave" que, por sempre acreditar em sua existência, acabei por resgatar, pois, perdida através dos tempos, vinha tornando indecifrável esse enigma que resistiu até aqui a todas as tentativas de se ver desvendado.

A posse dessa "chave", que consiste na correta associação das figuras às *Sephiroht* da Árvore da Vida, de uma forma que, em virtude de seu conteúdo hermético, não se havia conseguido até agora, possibilitou-me adentrar no impenetrável santuário da Kabbalah judaica e compreender, ainda que apenas parte de seus insondáveis mistérios, permitindo-me, ao relacioná-los ao conjunto de cartas, decifrar o enigma, tornando, assim, possível às pessoas a compreensão da verdadeira mensagem para a qual essas 22 figuras foram concebidas para transmitir.

Pedro Edson da Silva

A KABBALAH JUDAICA

Para podermos entender os reais motivos que levaram à concepção desse conjunto de 22 figuras, assim como o significado de cada uma delas, temos de retroceder no tempo, há mais de 5.500 anos do calendário judaico, período em que Moisés, após retirar o seu povo da escravidão no Egito, subiu ao Monte Horeb, no deserto do Sinai, onde, permanecendo durante quarenta dias, recebeu de Deus o conjunto de ensinamentos que compõe o Antigo Testamento.

Por serem sagrados, esses ensinamentos só deveriam ser transmitidos oralmente por "tradição", ou seja, de geração a geração de sumos sacerdotes hebreus, descendentes de Moisés; e para que não caíssem em mãos profanas, Deus repassou-os sob uma forma codificada pelas letras do alfabeto hebreu arcaico a qual denominou de Kabbalah, palavra hebraica que quer dizer receber por "tradição" A Sabedoria (os ensinamentos) de Deus.

Foi com a Kabbalah, em cuja codificação para cada *sephira* da Árvore da Vida foi destinada uma letra do alfabeto hebreu primitivo, que Deus deu nome ao Reino da Salvação, ao Reino da Expiação e às provações do Homem.

Reunindo os conhecimentos sagrados, a Kabbalah dá-nos conta de que a Criação ocorreu por meio da Árvore da Vida, a qual é composta pelas dez *sephiroth* (plural de *sephira*, que em hebraico significa esfera), que são as dez palavras:

1 – Kether (A Coroa), que designa o próprio Deus, fonte de emanação da energia de toda Criação;

2 – Hochmah (A Sabedoria);

3 – Binah (A Inteligência);

4 – Hesed (A Graça);

5 – Geburah (A Severidade);

6 - Thiphereth (A Beleza);

7 - Netzah (A Vitória);

8 - Hod (A Eternidade);

9 – Iesod (O Fundamento) e

10 – Malkuth (O Reino), pronunciadas por Deus na criação do Universo e do Homem.

A Kabbalah
A Árvore da Vida

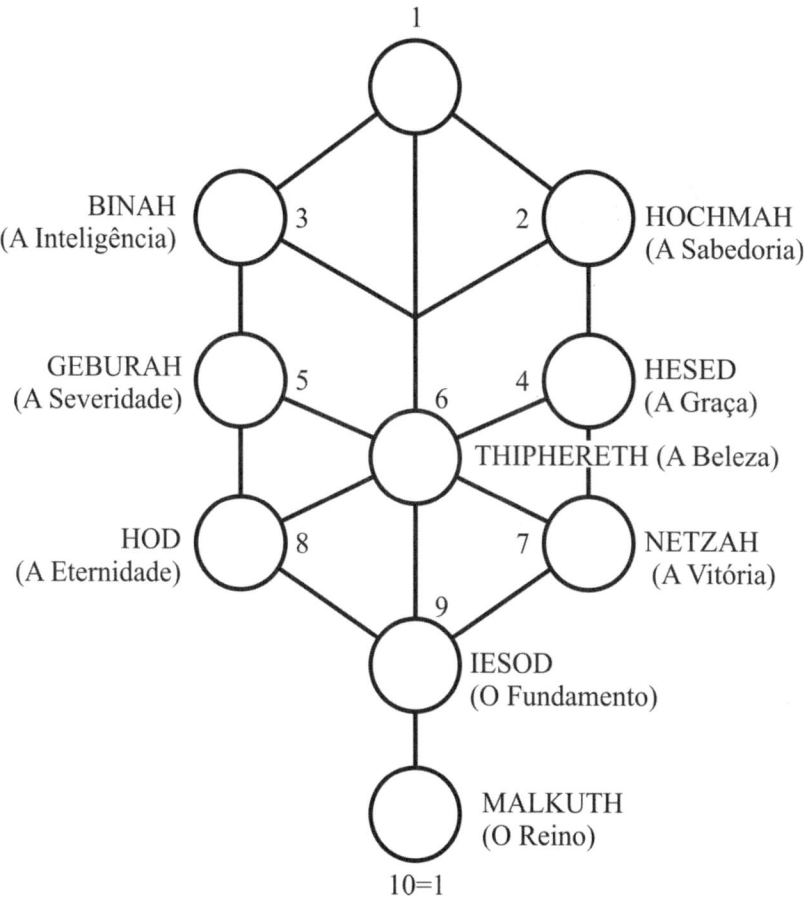

A Criação do Universo Segundo a Kabbalah

Diz a Kabbalah que:

1 – " No princípio, Deus pronunciou as dez palavras da Árvore da Vida:

a) Kether (A Coroa), que designa o próprio Deus, fonte de emanação da energia de toda Criação;

b) Hochmah (A Sabedoria);

c) Binah (A Inteligência);

d) Hesed (A Graça);

e) Geburah (A Severidade);

f) Thiphereth (A Beleza);

g) Netzah (A Vitória);

h) Hod (A Eternidade);

i) Iesod (O Fundamento) e

j) Malkuth (O Reino), criando assim o Reino dos Céus e da Terra; o Universo.

2 – O Reino dos Céus e da Terra, porém, era vazio e sem vida; a face do abismo estava coberta por trevas, e, sobre as águas, pairava o Espírito de Deus.

3 – Disse Deus: "Que se faça a luz"; e a luz se fez.

4 – E viu Deus que a luz era boa, e separou luz e trevas.

5 – Chamou Deus, de Dia, a luz; e de Noite, as trevas. E da tarde e da manhã, formou-se o primeiro dia.

6 – E disse Deus: "Forme-se o firmamento entre as águas e que haja separação entre as águas".

7 – E Deus fez o firmamento e separou as águas sob o firmamento e as águas sobre o firmamento. E assim foi feito.

8 – E Deus chamou de céus o firmamento. E da tarde e da manhã formou-se o segundo dia.

9 – Deus disse também: "Que as águas debaixo dos céus se unam num mesmo lugar também, para que apareça a parte seca". E assim foi feito.

10 – De terra, chamou Deus a parte seca; e da união das águas, mares. E viu Deus que isso era bom.

11 – E disse: "Que a terra crie relva, ervas que dêem sementes e árvores frutíferas, cujos frutos possuam sementes conforme sua espécie em cima da terra". E assim foi feito

12 – Produziu a terra, relvas, ervas que davam sementes e árvores frutíferas cujos frutos possuíam sementes conforme sua espécie. E viu Deus que isso era bom..

13 – E da tarde e da manhã formou-se o terceiro dia.

14 – Disse também Deus: "Para que haja a separação entre o dia e a noite, que se criem luzeiros nos firmamentos dos céus para

que também façam a separação entre o dia e a noite, e que sejam eles para sinais, para estações, para dias e anos".

15 – "Que iluminando no firmamento dos céus, iluminem também a terra". E assim foi feito.

16 – E Deus criou dois grandes luzeiros; para governar o dia, o maior; para governar a noite, o menor; e fez também as estrelas.

17 – E para iluminar a terra, Deus colocou-os no firmamento.

18 – Para governarem o dia e a noite e separar a luz das trevas. E viu Deus que isso era bom.

19 – E da tarde e da manhã, formou-se o quarto dia.

20 – Também disse Deus: "Que as águas sejam povoadas com animais que nelas vivam, e que sobre a terra voem as aves, sob o firmamento dos céus".

21 – Deus criou todas as espécies de animais, os grandes animais marinhos, os animais que rastejam, os quais, conforme suas espécies, povoavam as águas. E viu Deus que isso era bom.

22 – "Dizendo: "Sejam fecundos, multipliquem-se e povoem as águas dos mares, e se multipliquem as aves na terra" Deus abençoou-os.

23 – E da tarde e da manhã, formou-se o quinto dia.

24 – Também disse Deus: "Que da terra sejam produzidos animais viventes, conforme a sua espécie: animais domésticos, répteis e animais selvagens, conforme a sua espécie". E assim foi feito.

25 – Os animais selvagens, conforme a sua espécie; os animais domésticos, conforme a sua espécie e todos os répteis da terra, conforme a sua espécie, todos foram criados por Deus. E viu Deus que isso era bom.

A Kabbalah
A Árvore da Vida
A Criação do Universo

A ÁRVORE DA VIDA

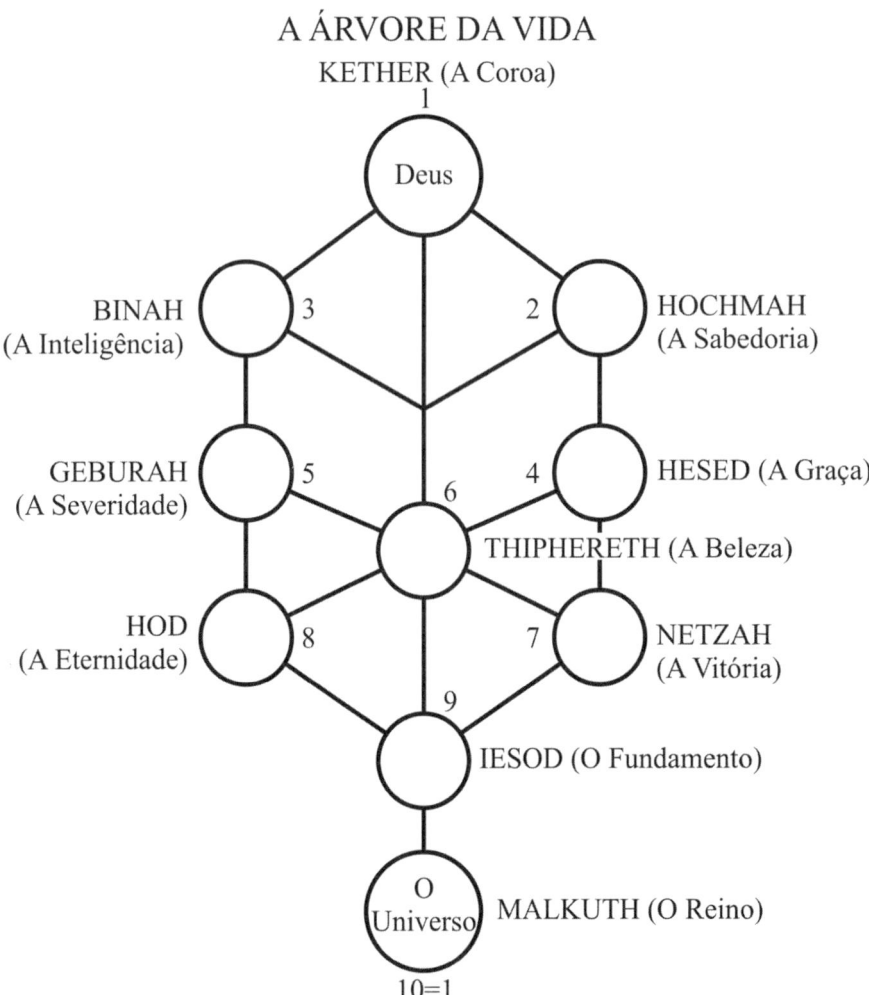

A Criação do Homem Segundo a Kabbalah

26 – Também disse Deus: "Façamos o homem à nossa imagem, conforme a nossa semelhança; que ele domine os peixes do mar, as aves dos céus, os animais domésticos que andam sobre a terra, e todos os répteis que rastejam pela terra".

27 – Então Deus novamente pronunciou as dez palavras da Árvore da Vida:

a) Kether (A Coroa), que designa o próprio Deus, fonte de emanação da energia de toda Criação;

b) Hochmah (A Sabedoria);

c) Binah (A Inteligência);

d) Hesed (A Graça);

e) Geburah (A Severidade);

f) Thiphereth (A Beleza);

g) Netzah (A Vitória);

h) Hod (A Eternidade);

i) Iesod (O Fundamento) e

j) Malkuth (O Reino). Tomou do pó da terra, formou o homem à sua imagem e semelhança e, soprando-lhe nas faces o fôlego da vida, passou o homem a ser alma vivente; e do homem, Deus criou a mulher.

28 – E dizendo: "Sejam fecundos, multipliquem-se, encham a terra e sujeitem-na, dominem os peixes do mar, as aves dos céus, e todos os animais que rastejam pela terra".

29 – Também disse Deus: "Eis que lhes dou todas as ervas que dão semente e se encontram na superfície da terra, e todas as árvores cujos frutos dêem sementes ; isso tudo lhes servirá como alimento".

30 – "As aves do céu, os répteis da terra e todos os animais da terra que tenham vida, toda erva verde, tudo isso lhes servirá como alimento". E assim foi feito...

31 – Deus viu tudo o que fizera, tudo quanto fizera, e tudo era muito bom. E da tarde e da manhã, formou-se o sexto dia.

a) Assim, criou Deus o Reino dos Céus e da Terra e tudo que há nele.

b) E da tarde e da manhã, formou-se o sétimo dia e tendo terminado toda sua obra no sétimo dia, Deus descansou.

c) E o Criador abençoou o sétimo dia e o santificou, pois no sétimo dia descansou de toda obra que criou.

A Kabbalah
A Árvore da Vida
A Criação do Homem

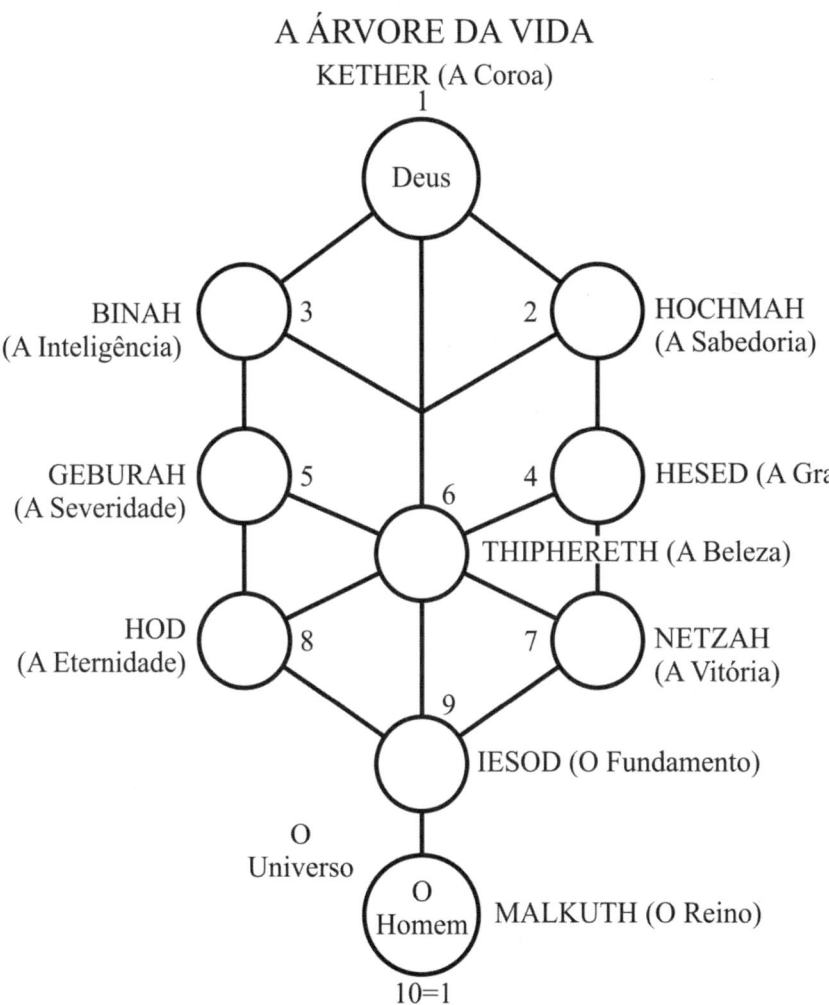

A Queda do Homem Segundo a Kabbalah

d) Esta é a Criação do Reino dos Céus e da Terra, como Deus o criou.

e) Quando Deus o criou, não havia brotado nele nenhuma erva, pois, sobre a terra, Deus ainda não fizera chover e também ainda não criara o homem para lavrar o solo.

f) A superfície da terra era regada por uma névoa que vinha do solo.

g) Do pó da terra Deus criou o homem à sua imagem e semelhança.

h) Tendo plantado um jardim no Éden, no lado do Ocidente, Deus destinou-o para servir de morada ao homem que havia criado.

i) Da terra, Deus fez brotar todo tipo de árvores que fossem bonitas de se ver e que fornecessem alimentos ao homem; e no meio do jardim, Deus plantou a Árvore da Vida, a Árvore do Conhecimento do Bem e do Mal.

j) Do Éden nascia um rio que regava o jardim e se dividia em quatro braços.

l) Chamado Pison, contornava Havilá; nessa terra há ouro.

m) Sendo muito bom o ouro dessa terra, nela também se encontravam o bdélio e a pedra de ônix.

n) Chamado Gion, é o que contorna a terra de Cuxe.

o) Tigre é o nome do terceiro rio, que corre pelo Oriente da Assíria, e Eufrates é o quarto rio.

p) Deus colocou o homem no jardim para que ele o guardasse e o cultivasse. Disse-lhe Deus: "De todas as árvores do jardim desfrutarás livremente".

q) "Mas não toques no fruto da Árvore da Vida, a Árvore do Conhecimento do Bem e do Mal, pois se o tocares e o comeres, é certo que morrerás".

r) Disse também o Senhor Deus: "Criarei para o homem uma companheira que lhe seja fiel, pois não é bom ele estar só".

s) Tendo criado da terra todos os animais do campo e as aves do céu, Deus os trouxe ao homem para que lhes desse nomes, e os nomes que o homem lhes desse seriam os seus nomes.

t) O homem deu nome a todos os animais selvagens, aos animais domésticos, às aves do céu; mas para o homem, não havia uma companheira que lhe fosse fiel.

u) Deus então fez o homem dormir um pesado sono e tirou-lhe uma das costelas, fechando o lugar com carne.

v) E da costela tirada do homem, Deus transformou em uma mulher e a trouxe ao homem.

x) "Por ser osso dos meus ossos, carne da minha carne, chamar-se-á varoa, pois do varão foi formada".

z) Por ser carne de sua carne, o homem se une à mulher, deixando pai e mãe, e os dois; homem e mulher se tornam uma só carne.

aa) Estando nus, homem e mulher, não se envergonharam um do outro.

1 – De todos os animais selvagens criados por Deus, a serpente que era a mais sagaz, disse à mulher: "Disse-lhes Deus que não comereis dos frutos de todas as árvores do jardim?

2 – "Dos frutos de todas as árvores do jardim, poderemos comer livremente."

3 – "Mas dos fruto da árvore que Deus plantou no meio do jardim não poderemos comer, pois se dele comermos, Deus disse que morreremos."

4 – "A serpente novamente falou à mulher: "certamente que não morrerás".

5 – "Pois Deus sabe que comendo do fruto da árvore que está no meio do jardim seus olhos se abrirão e passarão, como Deus, a serem conhecedores do Bem e do Mal."

6 – Só então que a mulher percebeu que a árvore era boa de se ver, seu fruto era bom de se comer e que sendo a árvore boa para dar conhecimento, tomou do seu fruto, deu-o também ao homem e ambos o comeram.

7 – Os olhos do homem e da mulher então se abriram, e, perceberam que estavam nus, cobriram-se com cintas feitas com folhas de figueira.

8 – Andando no jardim na passagem do dia, Deus se fez ouvir, fazendo com que o homem e a mulher se ocultassem entre as árvores do jardim, fugindo da presença de Deus.

9 – Deus chamou então pelo homem e perguntou-lhe: "Onde estás?"

10 – O homem respondeu: "Escondi-me ao ouvir tua voz, pois tive medo por estar nu.

11– Deus então perguntou ao homem: "Como soubeste que estavas nu? Por acaso comeste da Árvore do Conhecimento do Bem e do Mal?"

12 – Respondeu o homem para Deus: "O fruto da Árvore do Conhecimento me foi dado pela mulher que me deste como esposa e dele eu comi".

13 – Deus chamou a mulher e lhe falou: "O que foi que fizeste?" A mulher respondeu a Deus que comera do fruto da Árvore do conhecimento porque fora enganada pela serpente.

14 – Então Deus falou à serpente: "Por causa do que fizeste, tu és maldita entre os animais domésticos e os animais selvagens; rastejarás sobre o teu próprio ventre, comendo pó o resto de sua vida".

15 – "Entre ti e a mulher só haverá inimizade; também haverá inimizade entre a sua descendência e o seu descendente. Este te causará ferimento em tua cabeça e tu em seu calcanhar".

16 – À mulher Deus falou: "A tua gravidez será toda de muitos sofrimentos; seus filhos virão à luz por muitas dores; todos os teus desejos serão só para o teu marido, tu serás governada por ele".

17 – E falou para Adão: "Como comeste do fruto ofertado por tua mulher, que eu te ordenara que não comesses, por tua causa, a terra te será maldita; somente com teu cansaço obterás dela o alimento para te sustentares durante todos os dias de tua vida.

18 – "Da terra também nascerão cardos e abrolhos, e tu te alimentarás da erva do campo."

19 – "Suarás o teu rosto para poder comer o teu pão, até que tornes à terra, pois foi da terra que foste formado; porque tu és pó e ao pó tornarás."

20 – Por ser a mãe de todos os seres humanos, o homem deu à mulher o nome de Eva.

21 – Para cobrir Adão e Eva, Deus fez vestimentas de pele e com elas os vestiu.

22 – Disse Deus: "Comendo o fruto da Árvore do Conhecimento, o homem passou a ser como nós, conhecedor do Bem e do Mal e para que não estenda a mão e coma novamente do fruto da Árvore da Vida e viva eternamente.

23 – Então Deus, irado pela desobediência do homem, separou o Universo em dois Reinos: O Reino de Deus, dos Céus; da Salvação, do qual Deus é Kether (A Coroa); e o Reino da Terra, do Homem, da Expiação, no qual Deus lançou o Homem e a Mulher para que, lavrando a terra com a qual foi o Homem formado, possam se expiar de seus pecados.

24 – Lançado ao Reino da Terra, do qual o homem passou a ser Kether (A Coroa), Deus colocou anjos ao oriente do Éden, e o brilho do movimento de uma espada para guardar o caminho da Árvore da Vida.

A KABALLAH
A ÁRVORE DA VIDA
A QUEDA DO HOMEM
A SEPARAÇÃO DO UNIVERSO

A Árvore da Vida
KHETER
(A Coroa)
1

Deus

BINAH (A Inteligência) 3
HOCHMAH (A Sabedoria) 2

GEBURAH (A Severidade) 5
HESED (A Graça) 4

6

THIPHERETH (A Beleza)

HOD (A Eternidade) 8
NETZAH (A Vitória) 7

9
Iesod (O Fundamento)

O Reino de Deus, dos Céus, da Salvação

Malkuth (O Reino)

10 + 1
↓0+↓

da Terra da Expiação
O Reino do Homem

Malkuth (O Reino)

Iesod (O Fundamento)
9

HOD (A Eternidade) 7
NETZAH (A Vitória) 8

THIPHERETH (A Beleza)

GEBURAH (A Severidade) 4
HESED (A Graça) 6

5

BINAH (A Inteligência) 2
HOCHMAH (A Sabedoria) 3

Homem

1
(A Coroa)
KHETER
A Árvore da Vida

A Origem da Thoraht (A Lei do Judaísmo) Segundo a Kabbalah

Expulsos do Reino dos Céus por terem cometido o pecado original, homem e mulher passaram, como penitência, a habitar o Reino da Terra, de onde o homem se tornou Kether (A Coroa).

Mas como o Senhor Deus é justo, deu ao homem a oportunidade de retornar para o Reino dos Céus, em espírito, se durante a vida ele se dispusesse a trilhar humildemente os caminhos da Árvore da Vida, ao encontro de Deus, ou seja, como Kether (A Coroa) do Reino da Terra, o homem recebendo Hochmah (A Sabedoria); os preceitos divinos, usando Binah (A Inteligência) para praticar Hesed (A Graça) a misericórdia, conduzindo a vida com Geburah (A Severidade) e assim alcançar Thiphereth (A Beleza), que é a plenitude da prática dos ensinamentos divinos, obtendo Netzah (A Vitória) do Bem sobre o Mal, e ao passar para Hod (A Eternidade) seu espírito julgado por Deus em Iesod (O Fundamento), voltaria, como recompensa, a habitar o Reino dos Céus para todo o sempre. Esta provação recebeu de Deus o nome de Thoraht (A Lei do Judaísmo).

A Kaballah
A Árvore da Vida
A Thoraht

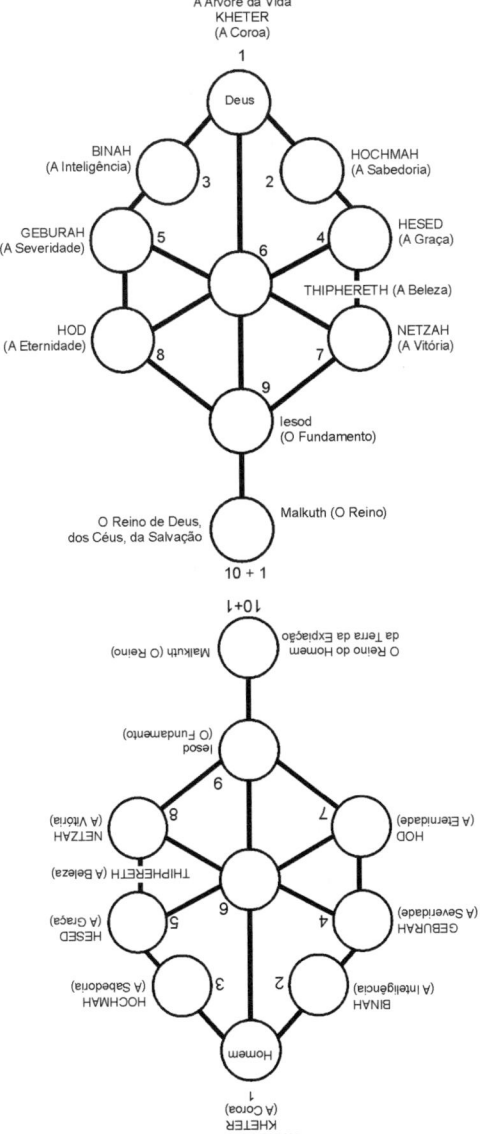

A Origem do Tharoht Segundo a Kabbalah

Caso o homem, ultrajando Deus, julgando-se Kether (A Coroa) do Reino dos Céus, ou o próprio Deus; ignorando, portanto, Hochmah (A Sabedoria) os seus ensinamentos, usando Binah (A Inteligência) para praticar atos contrários aos preceitos divinos, deixando de praticar Hesed (A Graça) a misericórdia, conduzindo a vida sem Geburah (A Severidade), e, assim procedendo, não atingiria Thiphereth (A Beleza), pois não alcançou a plenitude da prática dos preceitos divinos e, ao passar para a Hod (A Eternidade), seu espírito, ao ser julgado por Deus em Iesod (O Fundamento), seria novamente lançado ao Reino da Terra, para que, reencarnado tantas e quantas vezes se façam necessárias, até que, por meio da prática dos ensinamentos divinos, consiga a completa expiação de seus pecados, o que lhe daria a chance de voltar a habitar o Reino dos Céus. Esta provação recebeu de Deus o nome de Tharoht.

Do texto original hebraico das Sagradas Escrituras, a *Vulgata*, versão latina feita por Jerônimo (hoje São Jerônimo) para a Bíblia oficial da Igreja Católica, suprimiu o conceito primitivo judaico da Criação por intermédio da Árvore da Vida, contribuindo, juntamente com a sistemática perseguição infligida ao povo hebreu ao longo dos séculos, para que os ensinamentos da Kabbalah se perdessem pelos tempos, não obstante a abnegação de seus adeptos, que buscavam formas de perpetuá-los sem que isso lhes custasse o alto preço de suas vidas.

Da codificação obtida com a associação das letras do alfabeto hebreu às *sephiroth* da Árvore da Vida, que deu nome à

Kabbalah, à Thoraht e ao Tharoht, só restaram fragmentos que chegaram aos nossos dias, dando a falsa idéia de que a Kabbalah só se ocupa da prática das chamadas ciências ocultas.

A Kaballah
A Árvore da Vida
O Tharoht

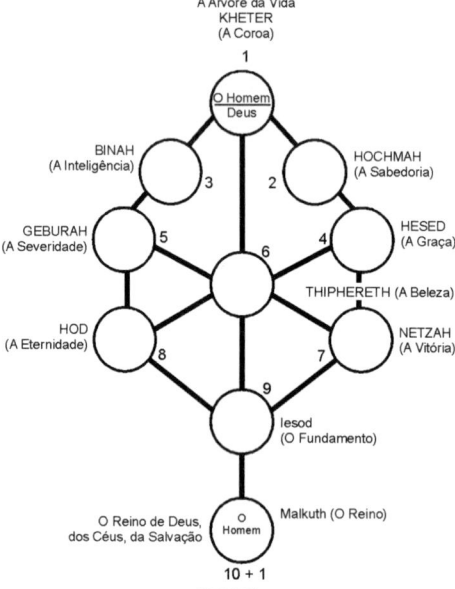

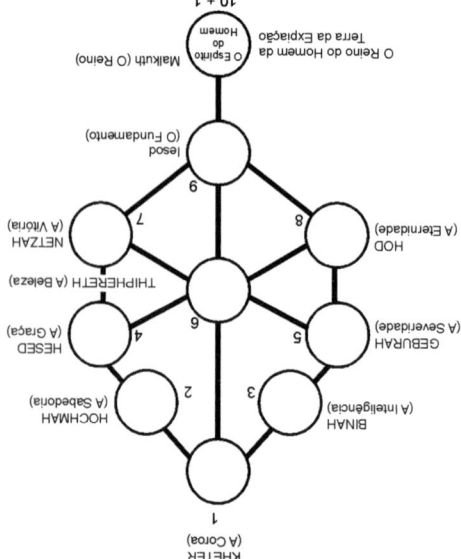

A Kaballah
A Árvore da Vida
A Thoraht — O Tharoht

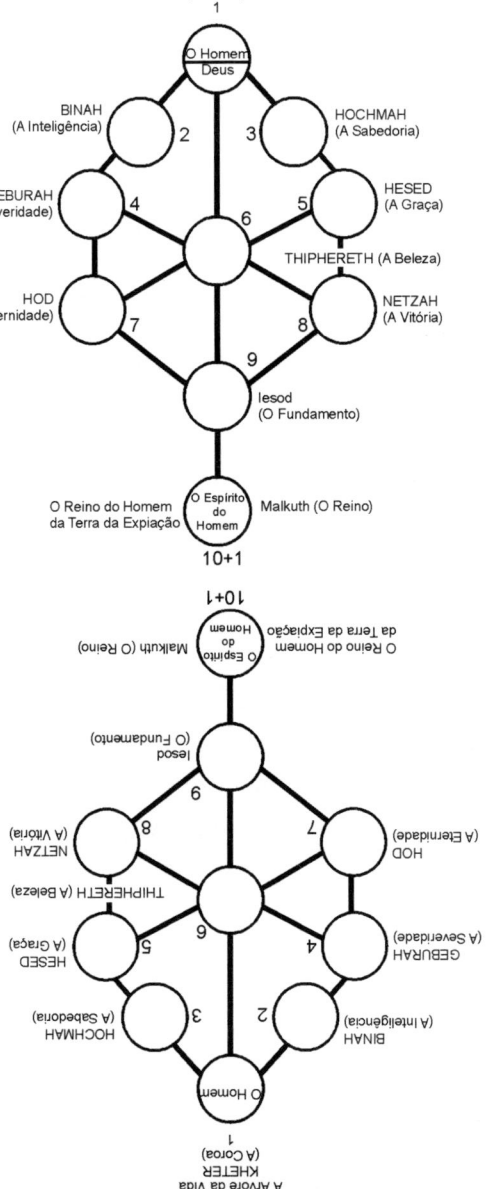

Thoraht e Tharoht — A Grafia sob a Forma da Kabbalah

A maneira de se escrever e ler em hebraico é da direita para a esquerda, o que por si só já permitiria à Kabbalah grafar Thoraht e Tharoht somente com uma palavra: THAROHT, que da forma tradicional hebraica, lida da direita para a esquerda, compõe a palavra Thoraht; e lida da esquerda para a direita, forma a palavra Tharoht.

Ocorre que, originando-lhes os nomes, a codificação efetuada para tornar herméticos os conhecimentos sagrados gerou também uma nova maneira de grafá-los.

Sob essa forma codificada que, conhecida somente pelos sumos sacerdotes, tornava-as ininteligíveis para os profanos, a Kabbalah serviu-se de apenas uma palavra para grafá-las, pois, escrita verticalmente, utilizava-se duas vezes da letra hebraica *Thau*, uma no topo da palavra, que lida de cima para baixo, representando o Homem ultrajando a divindade, forma a palavra Tharoht, e repetindo a letra *Thau* invertida, na parte inferior, quando lida de baixo para cima, simbolizando o Homem, caminhando humildemente em busca da salvação no Reino dos Céus, lê-se Thoraht.

A Origem das 22 Cartas e os Significados de suas Figuras

A Inquisição e o Surgimento das Cartas com as 22 Figuras

Criada por volta do século XII sob o pretexto de manter pura a fé católica, combatendo ferreamente tudo o que considerava heresia e condenando à morte quem quer que fizesse qualquer alusão contrária aos dogmas da Igreja Católica (Galileu Galilei só se livrou da morte na fogueira após admitir a sua "heresia" ao defender o conceito de Copérnico, o heliocentrismo, teoria que considera o Sol como o centro do sistema planetário, que ia frontalmente de encontro à teoria adotada pela Igreja de que a Terra seria o centro do sistema), a Inquisição passou a perseguir ferozmente todos os que fossem "diferentes" ou destoantes do que a Igreja desejava para compor uma sociedade homogênea, portanto mais fácil de ser conduzida. Consideravam-se "diferentes"os feiticeiros, bruxos, mendigos, vadios, protestantes e, sobretudo, os judeus, principalmente os que possuíam posses e que, de alguma forma, poderiam ameaçar os poderes da Igreja. Essa posição acabou por disseminar o anti-semitismo, fazendo surgir uma onda antijudaica tão violenta que se propagou e culminou em 1391 com a morte de 4 mil judeus, massacrados em Sevilha, na Espanha. Nesse episódio, foram destruídas importantes comunidades judaicas com a conseqüente morte de seus líderes, o que fez com que os sobreviventes acorressem em grande número à procura do batismo cristão, os chamados conversos. Muitos destes, que se tornaram católicos convictos, passaram a ser chamados de cristãos novos, gozando, portanto, de todos os direitos que possuíam os cristãos, ao contrário dos que mesmo tendo se convertido, ao se sentirem livres do perigo, juntaram-se aos que haviam conseguido se livrar do massacre e voltaram a praticar clandestinamente a sua crença, sendo por isso chamados de marranos, judeus secretos ou criptojudeus. Isto fez com que, com o passar do tempo, se tornasse muito grande o número dos que praticavam secretamente o judaísmo, o que levou o Papa Sisto IV, por meio da bula de 1º de novembro de 1478, a instituir a Inquisição na Espanha e, por conseguinte, institucionalizar também a prática da tortura.*

O provável condenado geralmente era avisado com antecedência da data em que seria submetido à tortura, o que, na prática, também se transformava numa tortura psicológica que surtia efeito, pois, sabendo que a tortura era aplicada com instrumentos que

---

* N.E.: Sugerimos a leitura de *Os Crimes dos Papas*, de Maurice Lachatre, Madras Editora.

extrapolavam os limites da crueldade, o "herege", para abreviar a sua agonia, acabava por confessar-se culpado.

A Inquisição espanhola iniciou suas atividades em 1480 e, no período de 8 anos, processou mais de 5 mil conversos, dos quais pelo menos 700 foram condenados à morte na fogueira. Considerados culpados, esses condenados podiam se livrar da fogueira, declarando sua culpa antes do fogo ser aceso, o que lhes permitiria a morte pelo garroteamento (uma tira de couro era passada pelo pescoço do condenado e torcida pelo carrasco, até a sua asfixia). Mas assim mesmo seu corpo seria lançado ao fogo, como uma forma de purificação.

Nomeado em 1483 Inquisidor-mor, Tomás de Torquemada levou aos extremos as atividades da Inquisição, o que obrigou o papa Alexandre VI a intervir para conter os excessos. Calcula-se que nos 15 tribunais do "Santo Oficio" instalados na Espanha, aproximadamente 350 mil pessoas sofreram com os métodos inquisitoriais, das quais, 32 mil foram mortas queimadas.

Os judeus que conseguiram escapar da perseguição na Espanha fugiram para Portugal, pagando cada um ao rei Dom Manuel I, uma espécie de pedágio, para poder atravessar a fronteira. No entanto, nem assim conseguiram se livrar das crueldades da Inquisição, pois Portugal instalou em 1536 o seu Tribunal do Santo Oficio, obrigando-os à conversão católica, separando-os de seus filhos menores, que lhes eram tirados à força e entregues a casais católicos para que os criassem sob a fé cristã.

No período de três séculos, a Inquisição portuguesa, incluindo os processos efetuados no Brasil, julgou mais de 60 mil pessoas, levando à fogueira aproximadamente 31 mil.

E foi nesse período sangrento da história da religiosidade, sob um clima de insuportável terror, que as mentes de alguns adeptos do Judaísmo foram iluminadas. Assim, eles vislumbraram nas cartas dos jogos de baralho, comuns à época, o veículo ideal para transportar as 22 figuras concebidas, trazendo implícita a síntese da Kabbalah judaica, a Thoraht e o Tharoht, na forma de um inocente jogo de cartas, sem sugerir nada de aparentemente religioso. Desse modo, podiam exercer o sagrado direito de cultuar a fé judaica, mesmo sob as vistas da Igreja Católica, que, por intermédio da Inquisição, impedia-lhes de professar e transmitir seus conhecimentos religiosos.

A Igreja Católica levou um longo tempo para suspeitar que essas 22 figuras continham um enigma e, por não conseguir decifrar, optou por tornar proscrito todo e qualquer tipo de jogo de cartas.

As Cartas e os Jogos de Adivinhação

A criação dessas figuras exigiu muito de seus criadores, pois tiveram que transpor para símbolos subjetivos os seus conhecimentos religiosos, de forma que possibilitassem aos adeptos do Judaísmo a prática e a transmissão desses ensinamentos, impedindo ao mesmo tempo que fossem descobertos cultuando a sua fé, o que seria o primeiro passo para a fogueira da Inquisição.

A numeração das cartas em algarismos romanos de I a XXII (a figura O Louco, apesar de não ser numerada, corresponde ao algarismo XXII), não obstante conter o número de letras do alfabeto hebraico, não tem nenhuma ligação com o sentido original do conjunto de cartas, pois foi utilizada como mais um artifício criado para conferir-lhe a aparência de um simples jogo. Isso lhes era muito útil quando das reuniões para a prática do judaísmo, que por não poderem ser secretas para não dar uma conotação herética – o que lhes obrigaria a enfrentar os processos inquisitoriais –, lhes permitia, na iminência de qualquer risco de serem descobertos professando sua crença, transformar as cartas, utilizando sua seqüência numérica, num prosaico jogo de baralho.

As 22 cartas cumpriram, por um longo tempo, o objetivo de sua concepção: o de servir como uma bíblia hermética em que um Iniciado nos mistérios da Kabbalah, cuja hierarquia secreta correspondia a dos antigos sumos sacerdotes hebreus, transmitia seus ensinamentos aos seguidores do Judaísmo, "lendo" o significado de cada figura, cuja carta era tirada à sorte, ou seja, ao acaso, advindo daí a idéia de que essas cartas se prestavam para tirar a sorte e predizer o futuro. Esse fato, com a proibição da prática dos jogos de baralhos, acabou por fazê-las perder todo o seu sentido original, passando à clandestinidade como um instrumento de leitura da sorte, fazendo com que ao conjunto de 22 fossem incluídas mais 56 cartas, que nada acrescentaram ao real objetivo de sua criação. Elas serviam apenas como complementos para a prática dos jogos de adivinhação, tal como são conhecidos nos dias de hoje.

A Hermética Transformação das 22 Cartas em 2 Grupos de 10

Não foi por acaso que esse conjunto de cartas atravessou os séculos sem que se tivesse, até aqui, conseguido desvendar os seus mistérios. Concebidas correspondendo-as em número, as cartas deveriam substituir as 22 letras do alfabeto hebraico que, originalmente, ilustravam as *sephiro* da Árvore da Vida, formando o código que deu origem à Kabbalah judaica e conseqüentemente à Thoraht/Tharoht. Os seus criadores tinham que, exatamente como com as 22 letras do alfabeto hebraico, fazer as 22 cartas ilustrarem e darem sentido às 20 *sephiroth* (10 da Árvore da Vida do Reino dos Céus e 10 da Árvore da Vida do Reino da Terra), tornando o conjunto de cartas tão hermético quanto o era a codificação primitiva.

Recompondo a codificação original, os adeptos do Judaísmo criaram dois grupos contendo 9 cartas cada; um para compor a Thoraht: O Louco, A Papisa, O Papa, Os Amantes, O Mundo, O Ermitão, A Justiça, A Força e A Temperança; e o outro: O Mago, A Imperatriz, O Imperador, O Diabo, O Enforcado, A Casa de Deus, A Estrela, A Lua e O Sol, para o Tharoht.

Para tornar indecifrável o sentido do conjunto de cartas, os seus conceptores criaram 4 figuras: O Carro, A Roda da Fortuna, A Morte e O Julgamento, que possuem cada uma um significado comum aos dois grupos, são utilizadas sem se repetirem.

Tornando-o ainda mais enigmático, do grupo de 9 que formam a Thoraht, as cartas O Ermitão, A Justiça, A Força e A Temperança e do grupo de 9 que formam o Tharoht, A Casa de Deus, A Estrela, A Lua e o Sol, foram destinadas para ilustrar a *sephira* Tiphereth (A Beleza) em sua respectiva Árvore da Vida.

Por ilustrarem juntas, em grupos de 4, sua correspondente *sephira* Thiphereht (A Beleza), essas cartas são contadas como se fossem apenas uma, o que faz com que cada grupo de 9 cartas se transforme em grupos de 6, ou seja: de 9 cartas, tiram-se 4, fazendo com que restem 5; essas 4 cartas são somadas como apenas 1, que adicionada às 5 restantes perfazem um total de 6 cartas em cada grupo.

Adicionando a cada, do agora grupo de 6, as 4 cartas cujos significados são comuns aos dois grupos soma-se o total de 10 cartas, o que permite a cada grupo ilustrar na Árvore da Vida, que representa o Reino dos Céus, e na do Reino da Terra, as duas provações do Homem, simbolizadas pela Thoraht /Tharoht.

A Provável Formação dada às Cartas

Como não podiam deixar transparecer o caráter religioso judaico implícito nas cartas, seus criadores, apesar de tê-las concebido para que ilustrassem as *sephiroth* da Árvore da Vida, denominaram-nas com títulos que não denotassem nenhuma vinculação com a Kabbalah: I – O Mago, II – A Papisa, III – A Imperatriz, IIII – O Imperador, V – O Papa, VI – Os Amantes, VII – O Carro, VIII – A Justiça, VIIII – O Eremita, X – A Roda da Fortuna, XI – A Força, XII – O Enforcado, XIII – A Morte, XIIII – A Temperança, XV – O Diabo, XVI – A Casa de Deus, XVII – A Estrela, XVIII – A Lua, XVIIII – O Sol, XX O Julgamento, XXI – O Mundo, XXII – O Louco.

As figuras II – A Papisa e V – O Papa tinham originalmente os nomes: II – A Sacerdotisa e V – O Sumo Sacerdote (alguns baralhos ainda os mantêm) que, por evidenciarem alguma ligação com a cultura religiosa judaica, tiveram de ser substituídas. Impossibilitados de utilizarem-se da Árvore da Vida para a complementação dos conhecimentos sagrados, os adeptos, indicando pelas figuras nas cartas a subida do espírito ao Reino dos Céus, da Salvação, ou a sua descida ao Reino da Terra, da Expiação, conseguiam praticar e transmitir os ensinamentos da Kabbalah, sintetizados nas provações do homem: a Thoraht e o Tharoht.

Nota: Atualmente, a grafia utilizada para os algarismos romanos quatro, nove, catorze e dezenove são, respectivamente, IV, IX, XIV e XIX, diferente da utilizada na época da criação dos jogos de baralho, a qual optei por manter, ou seja: quatro – IIII, nove VIIII, catorze – XIIII e dezenove – XVIIII.

A Provável Formação dada às Cartas

As Cartas com a seqüência numérica que chegaram aos nossos dias

O CONJUNTO DE CARTAS QUE ILUSTRAM A THORAHT NA ÁRVORE DA VIDA

As 4 cartas que, por ilustrarem a sephira *Tiphereth (A Beleza), são consideradas como apenas uma*

As 4 cartas que possuem cada uma um significado comum aos dois grupos de cartas

A Provável Formação dada às Cartas

A sequência correta para A Thoraht

| MALKUTH (O Reino) 10=1 | IESOD (O Fundamento) 6 | HOD (A Eternidade) 8 | NETZAH (A Vitória) 7 |

THIPHERETH (A Beleza)
9

| KHETER (A Coroa) 1 | HOCHMAH (A Sabedoria) 2 | BINAH (A Inteligência) 3 | HESED (A Graça) 4 | GEBURAH (A Severidade) 5 |

O conjunto de cartas que ilustram o Tharoht na Árvore da Vida

As 4 cartas que, por ilustrarem a sephira Tiphereth (A Beleza), são consideradas como apenas uma

As 4 cartas que possuem cada uma um significado comum aos dois grupos de cartas

A PROVÁVEL FORMAÇÃO DADA ÀS CARTAS

A SEQÜÊNCIA CORRETA PARA O THAROHT

1	2	3	4	5
KHETER (A Coroa)	HOCHMAH (A Sabedoria)	BINAH (A Inteligência)	HESED (A Graça)	GEBURAH (A Severidade)

6
THIPHERETH (A Beleza)

7	8	9	10=1
NETZAH (A Vitória)	HOD (A Eternidade)	IESOD (O Fundamento)	MALKUTH (O Reino)

1
KETHER (A Coroa)

10 = 1
MALKUTH (O Reino)
O Reino dos Céus

2
HOCHMAH (A Sabedoria)

3
BINAH (A Inteligência)

4
HESED (A Graça)

IESOD (O Fundamento)

8
HOD (A Eternidade)

7
NETZAH (A Vitória)

5
GEBURAH (A Severidade)

6
THIPHERETH (A Beleza)

THIPHERETH (A Beleza)
9

HESED (A Graça)
4

BINAH (A Inteligência)
3

HOCHMAH (A Sabedoria)
2

KETHER (A Coroa)
1

A provável formação dada às cartas durante as reuniões para a prática da doutrina judaica, que era utilizada sem as denominações das *sephiroth* da Árvore da Vida (aqui colocadas para uma melhor compreensão do leitor), para não dar nenhuma conotação religiosa.

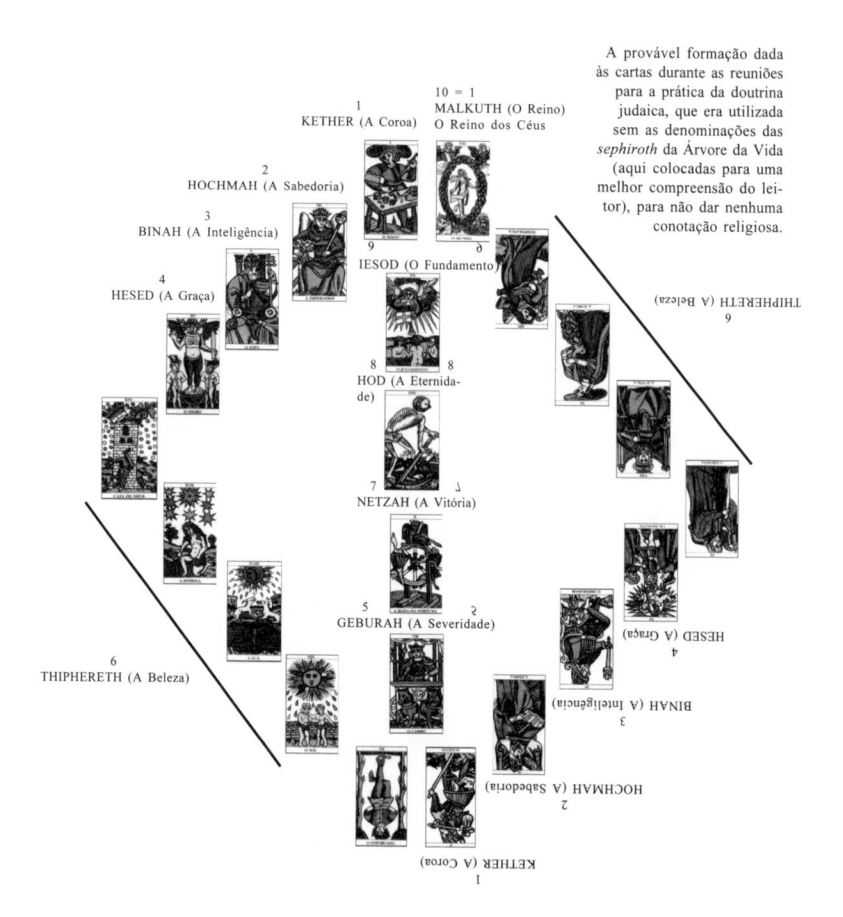

A Provável Formação dada às Cartas

O Significado de cada figura que compõe a Thoraht

1
KETHER (A COROA)
O LOUCO

Simboliza o homem, que após ser lançado para o Reino da Terra, de onde se tornou Kether (A Coroa), optou por aceitar os ensinamentos divinos, praticando a Thoraht, ou seja, caminhando humildemente pelos caminhos da Árvore da Vida ao encontro de Deus e da Salvação no Reino dos Céus.

As figuras que representam a Thoraht são apresentadas invertidas, denotando a humildade e a submissão a Deus.

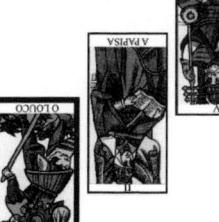

O Significado de cada figura que compõe a Thoraht

2
HOCHMAH (A Sabedoria)

Repesentando Hochmah (A Sabedoria), esta figura simboliza os ensinamentos divinos que o homem deve receber e praticar durante sua caminhada ao longo da vida.

O Significado de cada figura que compõe a Thoraht

3
Binah (A Inteligência)
O Papa

Ilustrando na Árvore da Vida a *sephira* Binah (A Inteligência), O Papa lembra que o homem deve voltar sua Inteligência sempre para o lado espiritual, usando-a para praticar os preceitos divinos, acima de qualquer coisa.

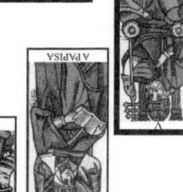

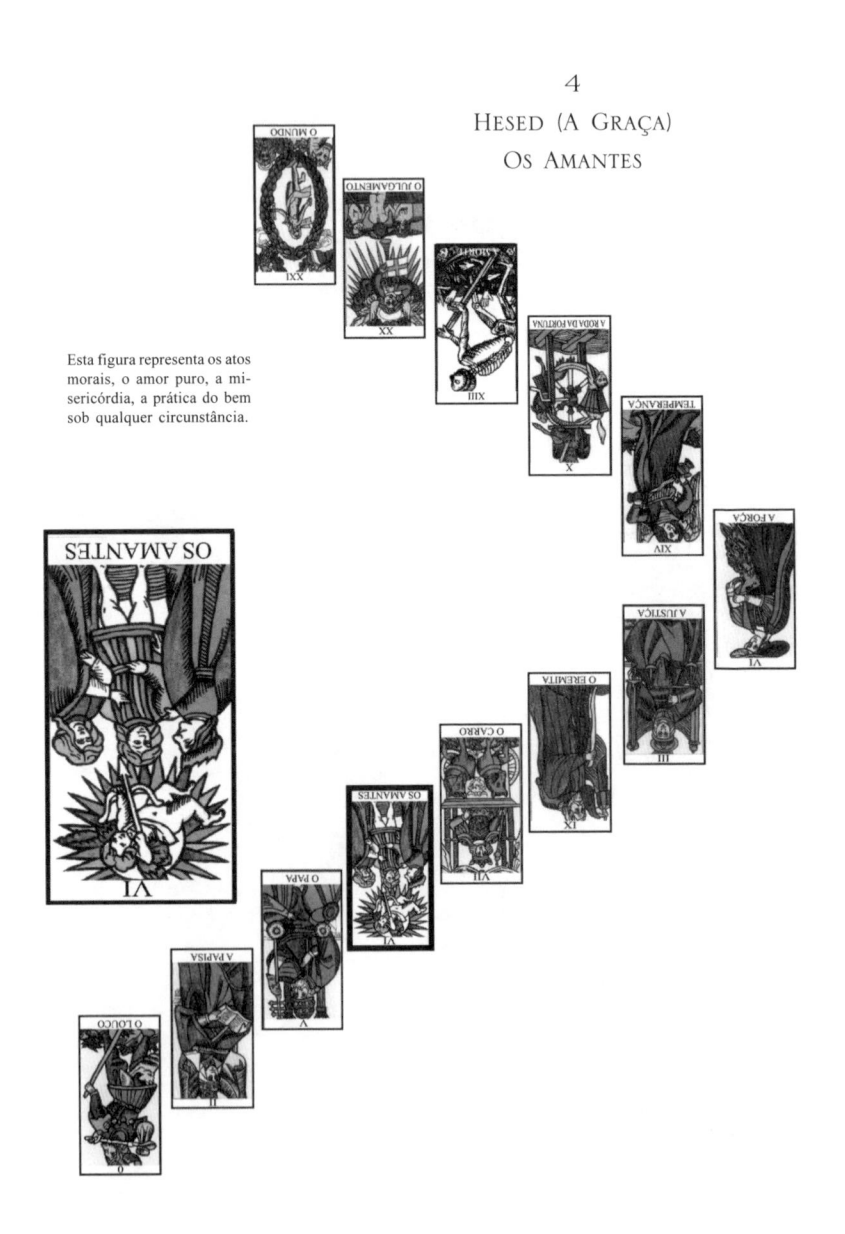

O Significado de cada figura que compõe a Thoraht

4
Hesed (A Graça)
Os Amantes

Esta figura representa os atos morais, o amor puro, a misericórdia, a prática do bem sob qualquer circunstância.

A Provável Formação dada às Cartas

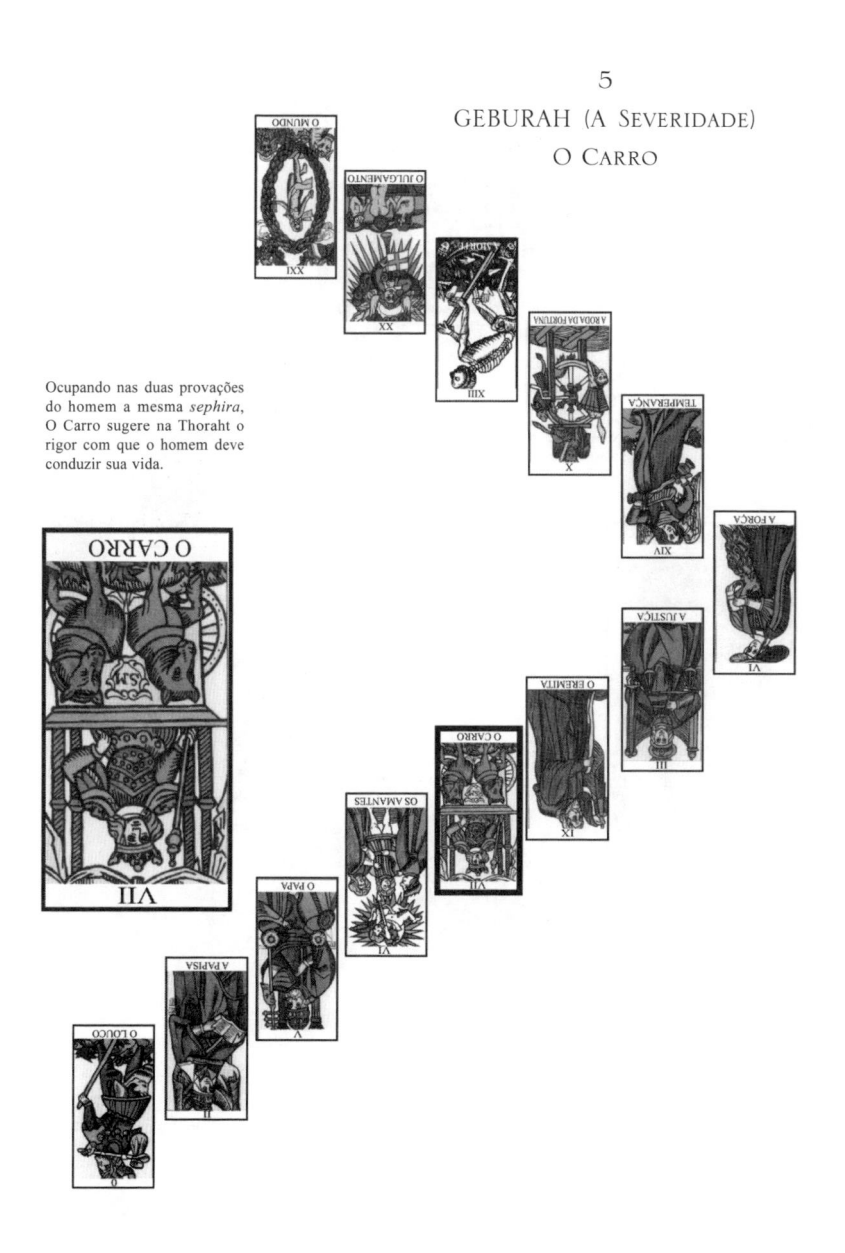

O Significado de cada figura que compõe a Thoraht

5
GEBURAH (A Severidade)
O Carro

Ocupando nas duas provações do homem a mesma *sephira*, O Carro sugere na Thoraht o rigor com que o homem deve conduzir sua vida.

O Significado de cada figura que compõe a Thoraht

6
Thiphereth (A Beleza)
O Ermitão

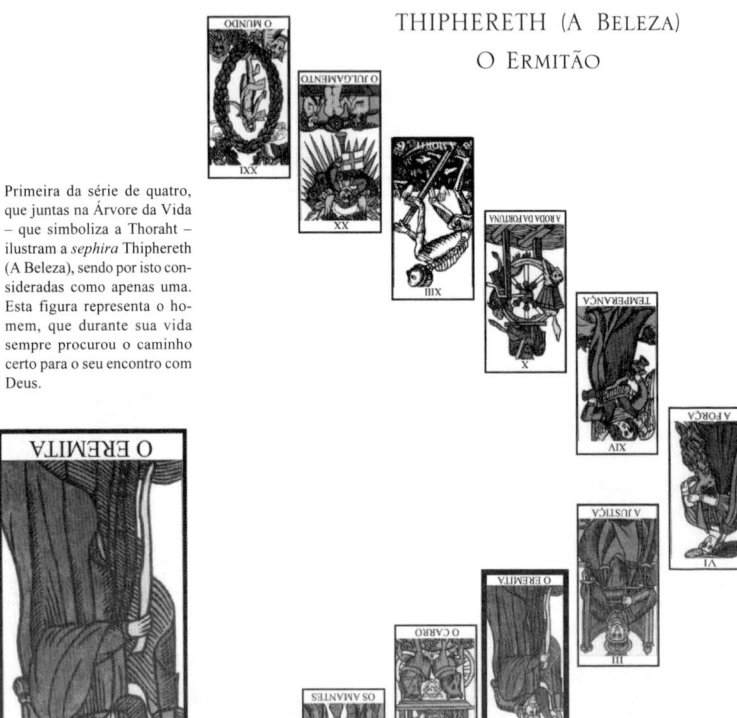

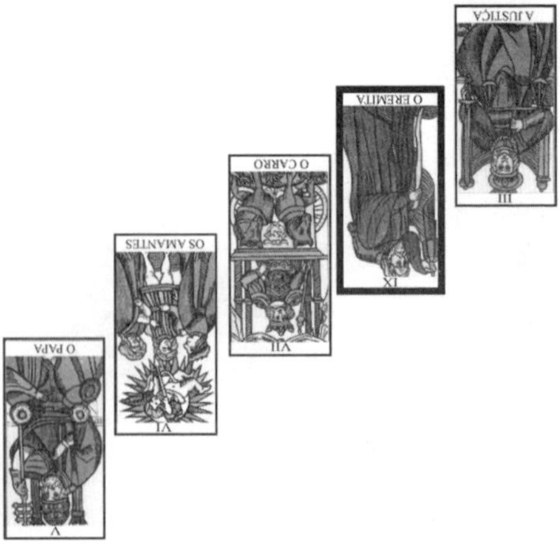

Primeira da série de quatro, que juntas na Árvore da Vida – que simboliza a Thoraht – ilustram a *sephira* Thiphereth (A Beleza), sendo por isto consideradas como apenas uma. Esta figura representa o homem, que durante sua vida sempre procurou o caminho certo para o seu encontro com Deus.

O Significado de cada figura que compõe a Thoraht

6
THIPHERETH (A Beleza)
A Justiça

A carta denominada A Justiça, associada à anterior (O Ermitão), indica que o homem, obedecendo aos princípios da Thoraht, caminhou pela vida sempre procurando ser justo em seus atos.

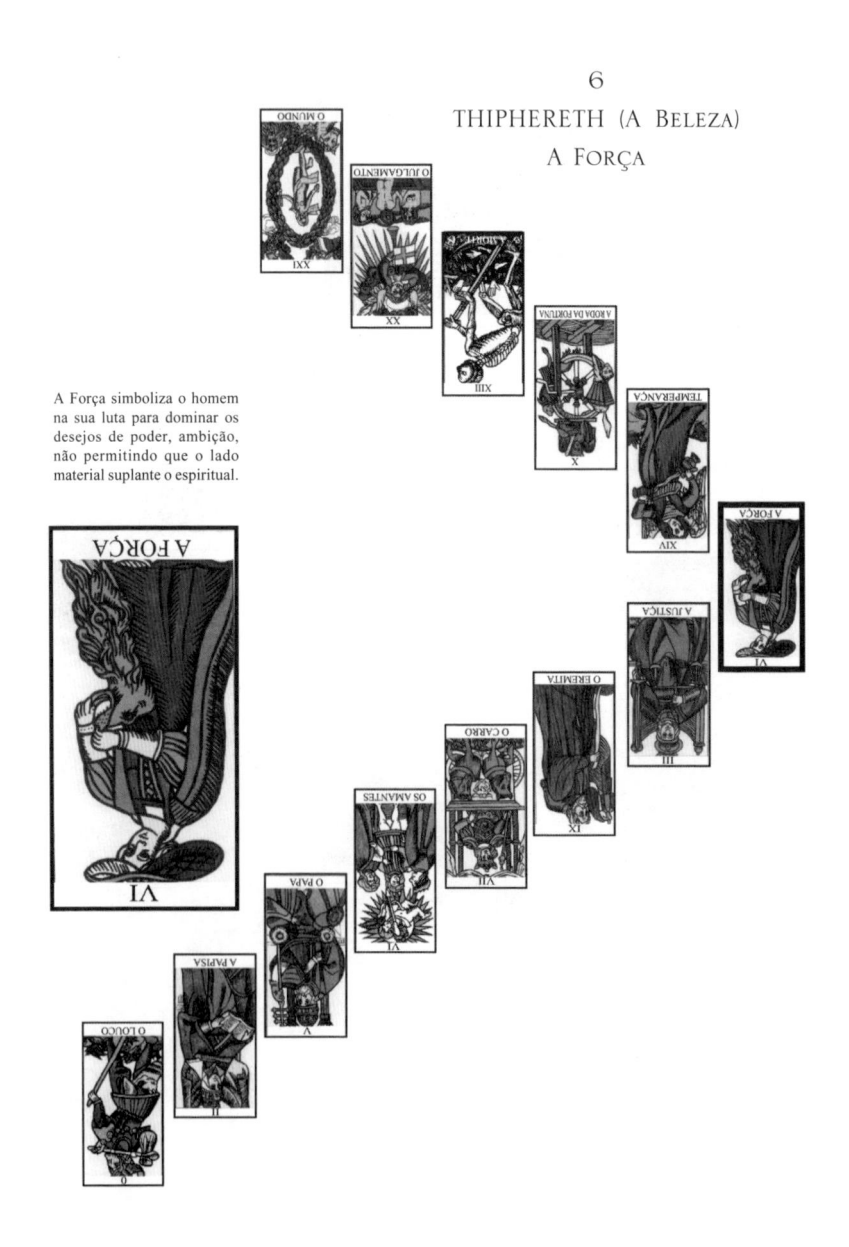

O Significado de cada figura que compõe a Thoraht

6
THIPHERETH (A Beleza)
A Força

A Força simboliza o homem na sua luta para dominar os desejos de poder, ambição, não permitindo que o lado material suplante o espiritual.

A Provável Formação dada às Cartas

O Significado de cada figura que compõe a Thoraht

6
THIPHERETH (A Beleza)
A Temperança

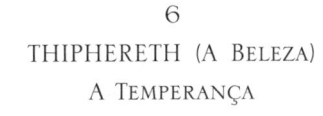

Como a última da série de quatro cartas, esta figura complementa o significado das três anteriores, pois simboliza o homem que durante a vida caminhou com retidão, justiça e sem apegos materiais, atingiu a plenitude da prática dos preceitos de Deus, conseguindo, assim, o equilíbrio entre o espírito e a materialidade.

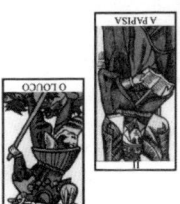

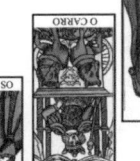

O Significado de cada figura que compõe a Thoraht

7
NETZAH (A Vitória)
A Roda da Fortuna

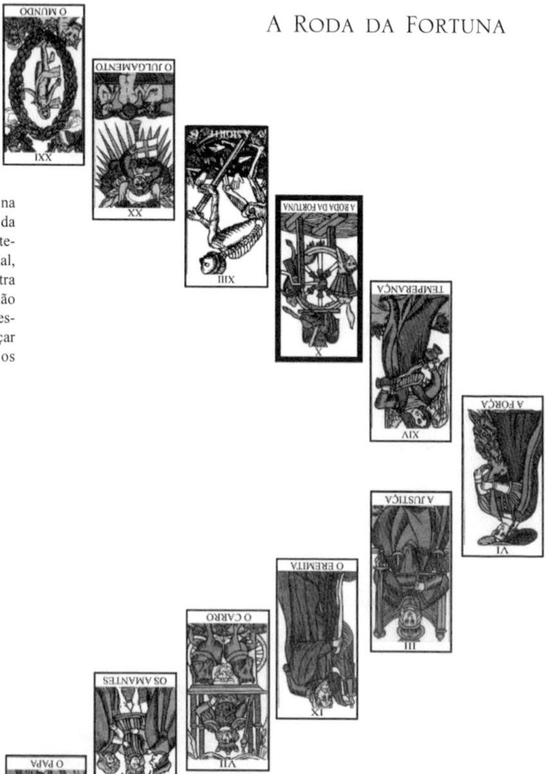

Simbolizando Netzah (A Vitória) na provação do homem em busca da salvação, A Roda da Fortuna sintetiza a vitória do Bem contra o Mal, ou seja, o triunfo do homem contra as adversidades da vida, que não conseguiram fazer com que se desviasse de seu objetivo de alcançar o Reino dos Céus, conforme os ensinamentos de Deus.

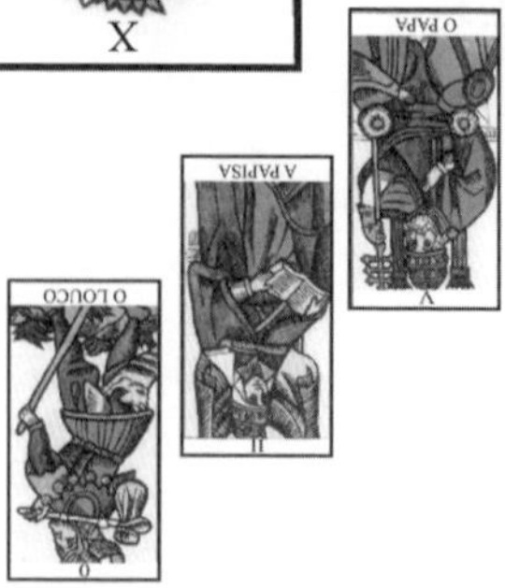

A PROVÁVEL FORMAÇÃO DADA ÀS CARTAS

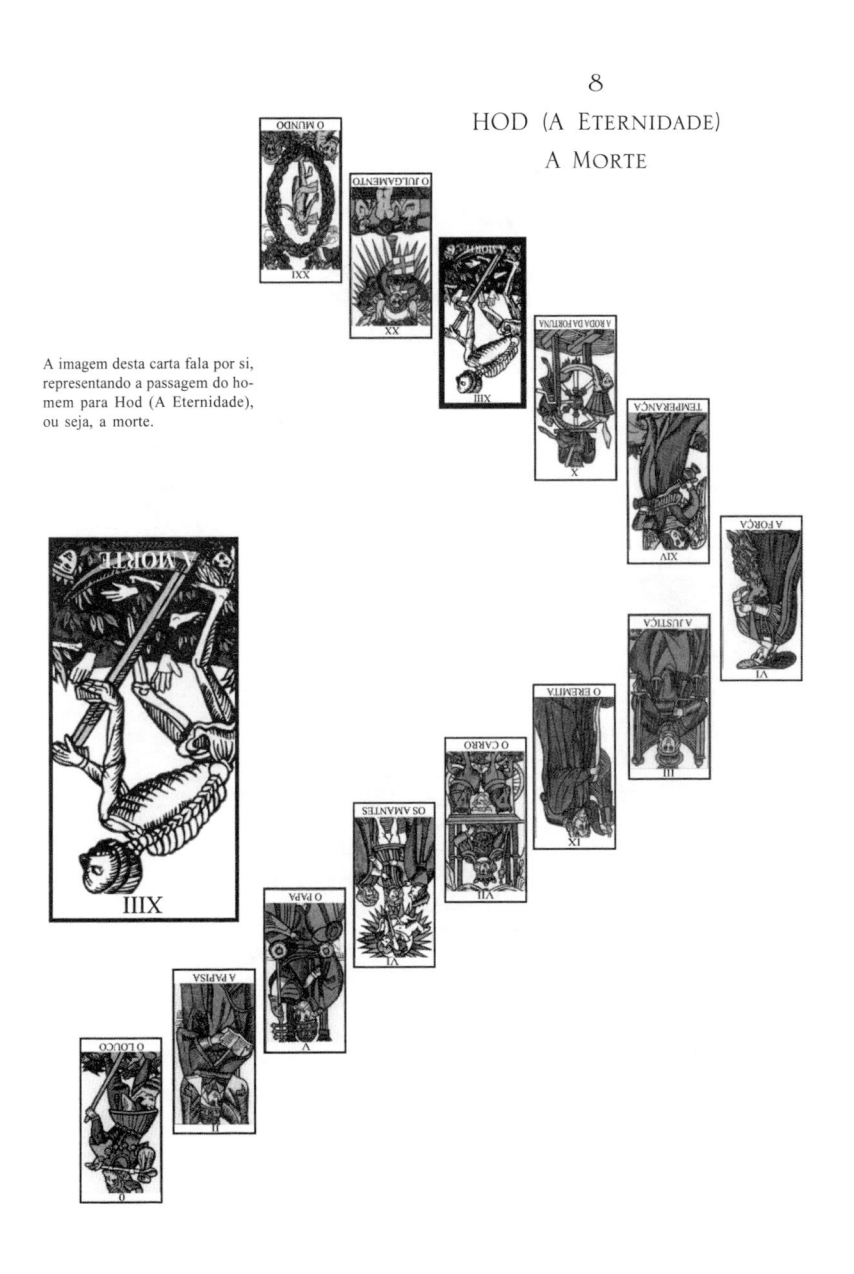

O Significado de cada figura que compõe a Thoraht

8
HOD (A Eternidade)
A Morte

A imagem desta carta fala por si, representando a passagem do homem para Hod (A Eternidade), ou seja, a morte.

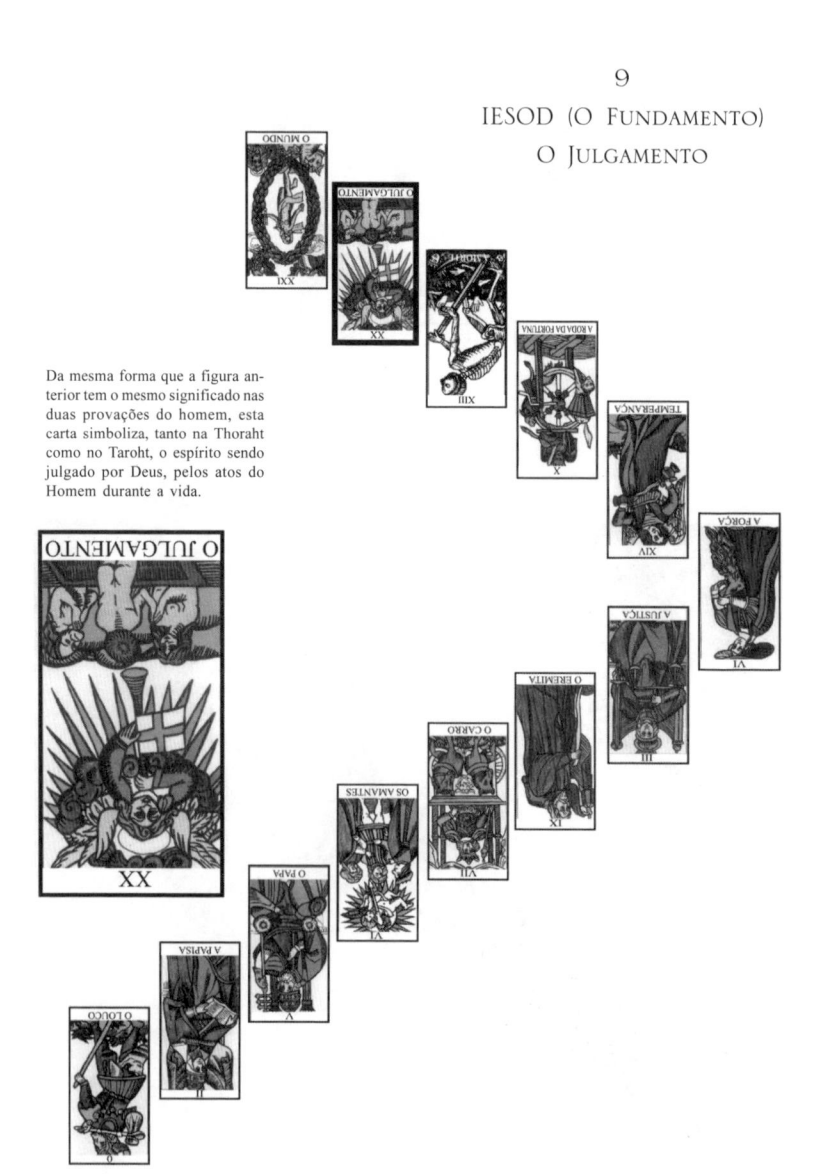

O Significado de cada figura que compõe a Thoraht

9
IESOD (O Fundamento)
O Julgamento

Da mesma forma que a figura anterior tem o mesmo significado nas duas provações do homem, esta carta simboliza, tanto na Thoraht como no Taroht, o espírito sendo julgado por Deus, pelos atos do Homem durante a vida.

O Significado de cada figura que compõe a Thoraht

10=1
MALKUTH (O Reino)
O Mundo

Aqui mostra a coroação de todos os esforços do homem para não se desviar da trajetória que lhe foi traçada por Deus.
Esta figura simboliza o seu espírito após passar pelo julgamento divino, que, em virtude de sua conduta durante a vida, foi alçado ao Reino dos Céus, onde passará a habitar para todo o sempre.

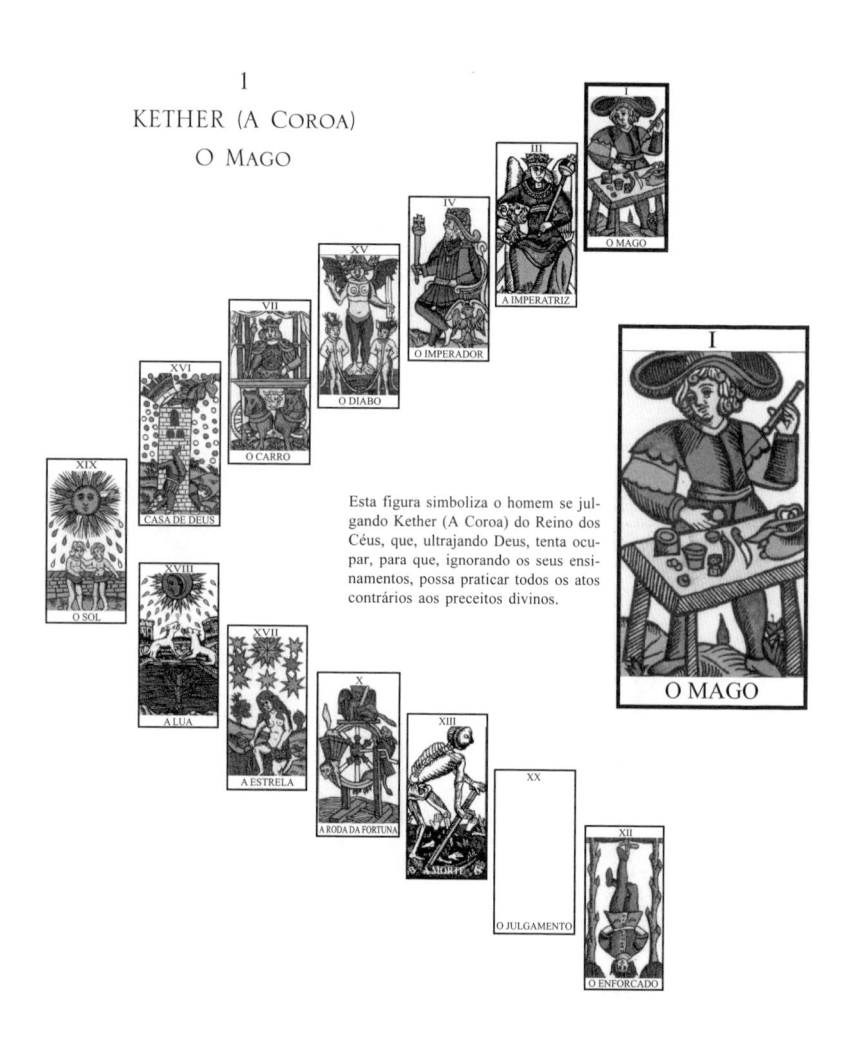

O Significado de cada figura que compõe o Tharoht

1
KETHER (A Coroa)
O Mago

Esta figura simboliza o homem se julgando Kether (A Coroa) do Reino dos Céus, que, ultrajando Deus, tenta ocupar, para que, ignorando os seus ensinamentos, possa praticar todos os atos contrários aos preceitos divinos.

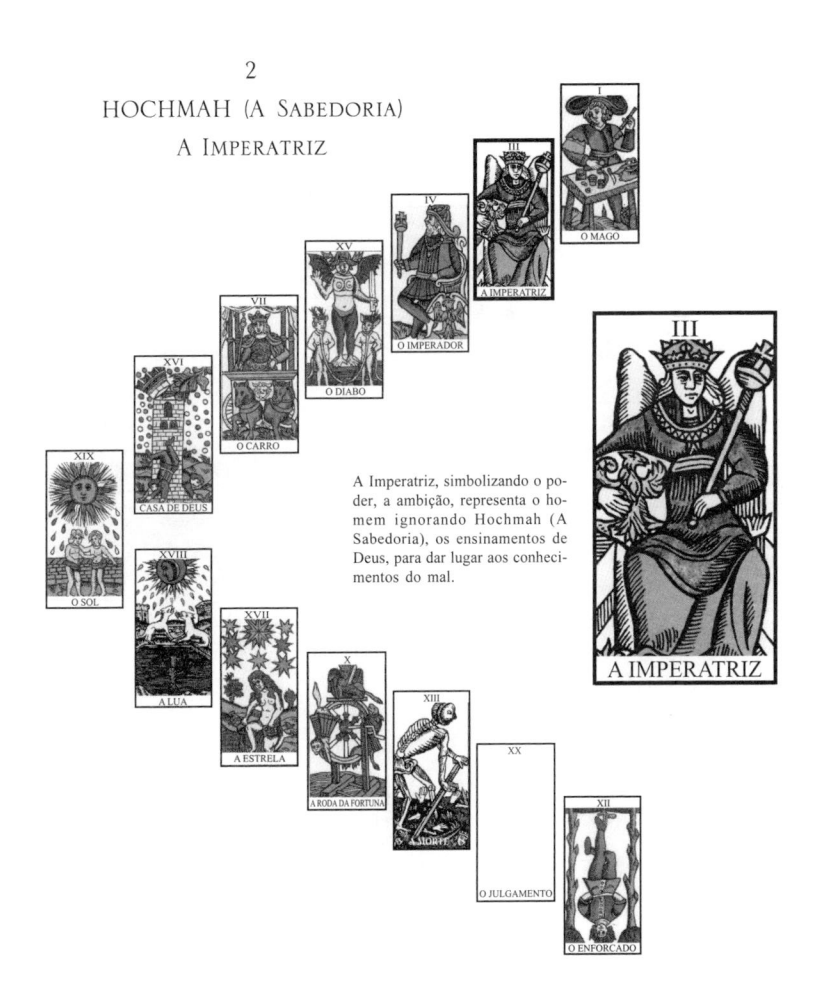

O Significado de cada figura que compõe o Tharoht

2
HOCHMAH (A Sabedoria)
A Imperatriz

A Imperatriz, simbolizando o poder, a ambição, representa o homem ignorando Hochmah (A Sabedoria), os ensinamentos de Deus, para dar lugar aos conhecimentos do mal.

O Significado de cada figura que compõe o Tharoht

3
BINAH (A Inteligência)
O Imperador

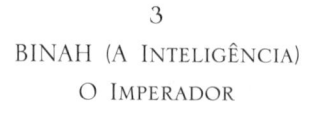

Ilustrando na Árvore da Vida do Tharoht e a *sephira* Binah (A Inteligência) e baseada nos imperadores romanos, que tinham poder de vida e morte sobre as pessoas, esta figura simboliza o homem dedicando sua inteligência aos preceitos do Mal, o poder, a ambição, o apego desmesurado aos bens materiais e a total ignorância aos ensinamentos de Deus, fundamentais para sua Salvação.

O Significado de cada figura que compõe o Tharoht

4
HESED (A Graça)
O Diabo

Todos os atos imorais, o desamor, a desgraça, a maldade, a feitiçaria, o desapego aos bens espirituais, estão simbolizados nesta carta, cuja figura, adorada pelo homem, incentiva-o a praticá-los na sua trajetória de pecados.

O Significado de cada figura que compõe o Tharoht

5
GEBURAH (A Severidade)
O Carro

Designada para que conduza a sua vida com Geburah (A Severidade), aqui, essa figura está simbolizando o desvio do homem do seu caminho, pois sem o rigor nescessário, direcionou-se no sentido contrário ao da salvação.

A PROVÁVEL FORMAÇÃO DADA ÀS CARTAS 73

O SIGNIFICADO DE CADA FIGURA QUE COMPÕE O THAROHT

6
THIPHERETH (A BELEZA)
A CASA DE DEUS

Representando a Torre de Babel, esta figura, a primeira das quatro que ilustram Thiphereth (A Beleza) no Tharoth, simboliza o homem querendo alcançar Deus antes da morte, sem se utilizar dos caminhos por ele designados.

O Significado de cada figura que compõe o Tharoht

6
THIPHERETH (A Beleza)
O Sol

No momento em que o homem, se estivesse seguindo os caminhos traçados por Deus, estaria atingindo a plenitude da prática de seus ensinamentos, esta figura, somada com a anterior e as duas subseqüentes, vêm simbolizá-lo no auge da idolatria aos astros do Universo, dos quais pensa obter poderes, praticando a feitiçaria, predição do futuro, atos que cada vez mais o distanciam de Deus.

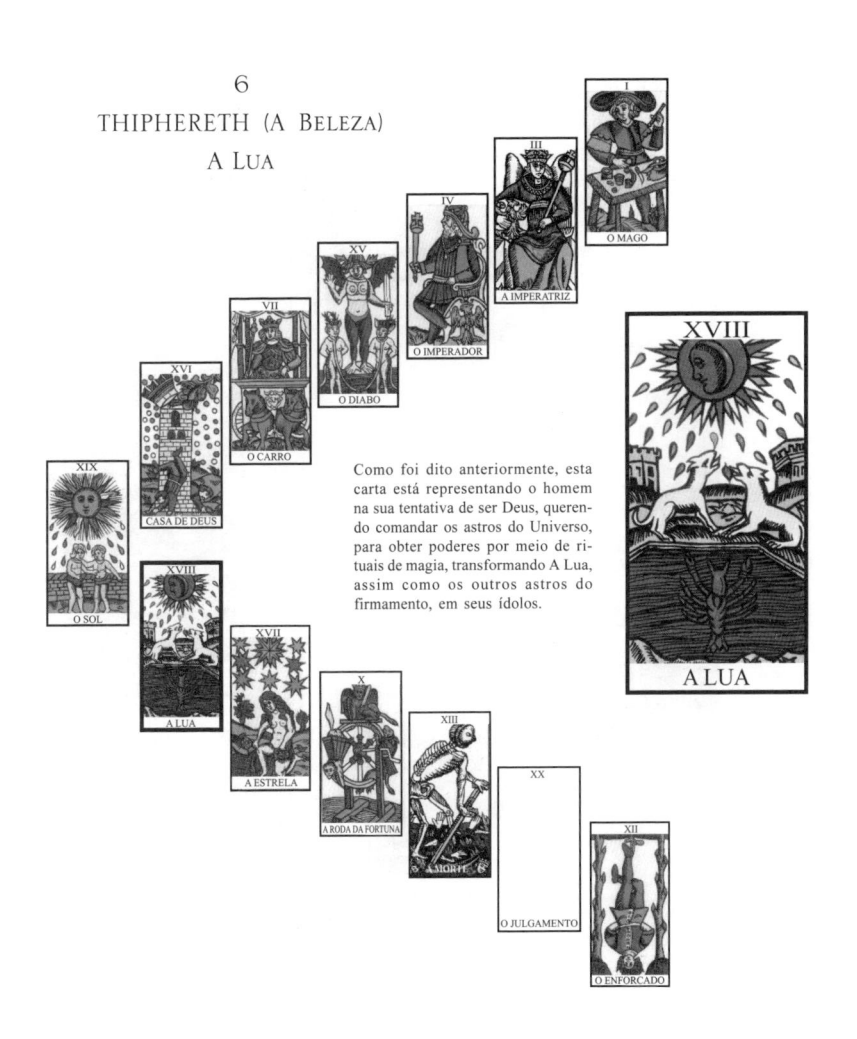

O Significado de cada figura que compõe o Tharoht

6
THIPHERETH (A Beleza)
A Lua

Como foi dito anteriormente, esta carta está representando o homem na sua tentativa de ser Deus, querendo comandar os astros do Universo, para obter poderes por meio de rituais de magia, transformando A Lua, assim como os outros astros do firmamento, em seus ídolos.

O Significado de cada figura que compõe o Tharoht

6
THIPHERETH (A Beleza)
A Estrela

Representando o homem que em vez de atingir o equilíbrio do espírito com a matéria só conseguiu a dominação da matéria sobre o espírito, esta figura complementa a mensagem das três anteriores, ou seja, o homem não conseguindo, por causa dos seus atos, alcançar Thiphereth (A Beleza), que simboliza o esplendor da prática dos preceitos divinos.

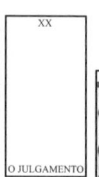

O Significado de cada figura que compõe o Tharoht

7
NETZAH (A Vitória)
A Roda da Fortuna

Destinada a prenunciar Netzah (A Vitória) do Bem sobre o Mal, mas, devido ao comportamento do homem que não soube conduzir devidamente a sua vida, A Roda da Fortuna está aqui designada para anunciar o triunfo do Mal sobre o Bem.

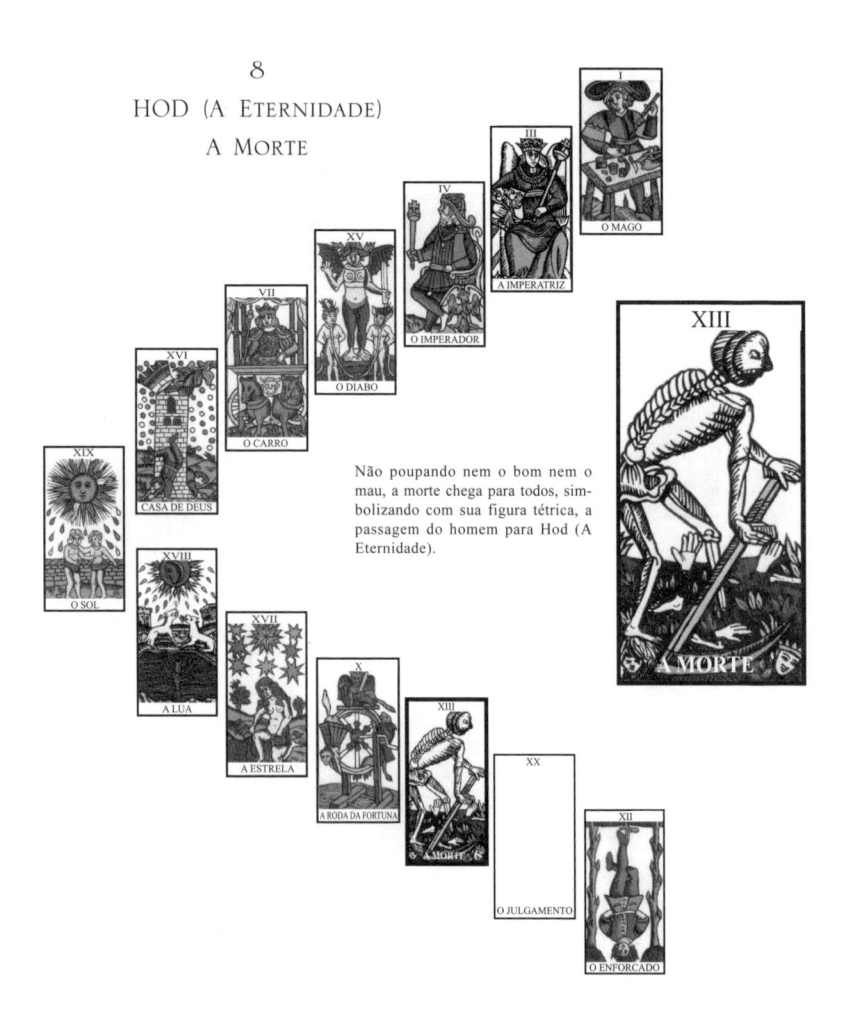

O Significado de cada figura que compõe o Tharoht

8
HOD (A Eternidade)
A Morte

Não poupando nem o bom nem o mau, a morte chega para todos, simbolizando com sua figura tétrica, a passagem do homem para Hod (A Eternidade).

O Significado de cada figura que compõe o Tharoht

9
IESOD (O Fundamento)
O Julgamento

Ilustrando no Tharoht a *sephira* Iesod (O Fundamento), esta carta simboliza o espírito sendo julgado pelos atos do homem.

O Significado de cada figura que compõe o Tharoht

10=1
MALKUTH (O Reino) O Enforcado

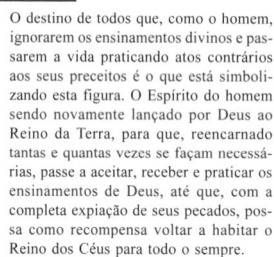

O destino de todos que, como o homem, ignorarem os ensinamentos divinos e passarem a vida praticando atos contrários aos seus preceitos é o que está simbolizando esta figura. O Espírito do homem sendo novamente lançado por Deus ao Reino da Terra, para que, reencarnado tantas e quantas vezes se façam necessárias, passe a aceitar, receber e praticar os ensinamentos de Deus, até que, com a completa expiação de seus pecados, possa como recompensa voltar a habitar o Reino dos Céus para todo o sempre.

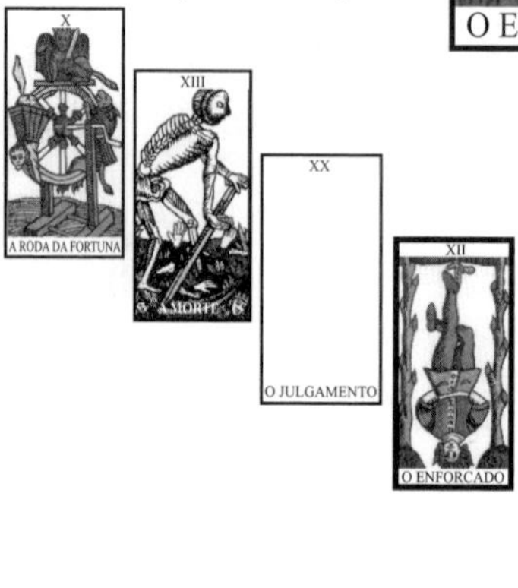

A Provável Formação dada às Cartas

As figuras ilustrando a Árvore da Vida, compondo a Thoraht

- KHETER (A Coroa)
- HOCHMAH (A Sabedoria)
- BINAH (A Inteligência)
- HESED (A Graça)
- GEBURAH (A Severidade)
- **6**
- THIPHERETH (A Beleza)
- NETZAH (A Vitória)
- HOD (A Eternidade)
- IESOD (O Fundamento)
- 10 = 1 - O Enforcado
  Malkuth (O Reino)
  O Reino do Homem;
  da Terra;
  da Expiação.

---

10 = 1
Malkuth (O Reino)
O Reino do Homem;
da Terra;
da Expiação.

- 9 - Iesod (O Fundamento)
- 9 - O Julgamento
- 6 - A Força
- 6 - A Temperança
- 8 - HOD (A Eternidade)
- 7 - A Roda da Fortuna
- 7 - NETZAH (A Vitória)
- THIPHERETH (A Beleza)
- **6**
- 5 - O Carro
- 6 - A Justiça
- 6 - O Ermitão
- 4 - Os Amantes
- 4 - GEBURAH (A Severidade)
- 5 - HESED (A Graça)
- 3 - O Papa
- 2 - BINAH (A Inteligência)
- 2 - A Papisa
- 3 - HOCHMAH (A Sabedoria)
- 1 - KHETER (A Coroa)
- 1 - O Louco

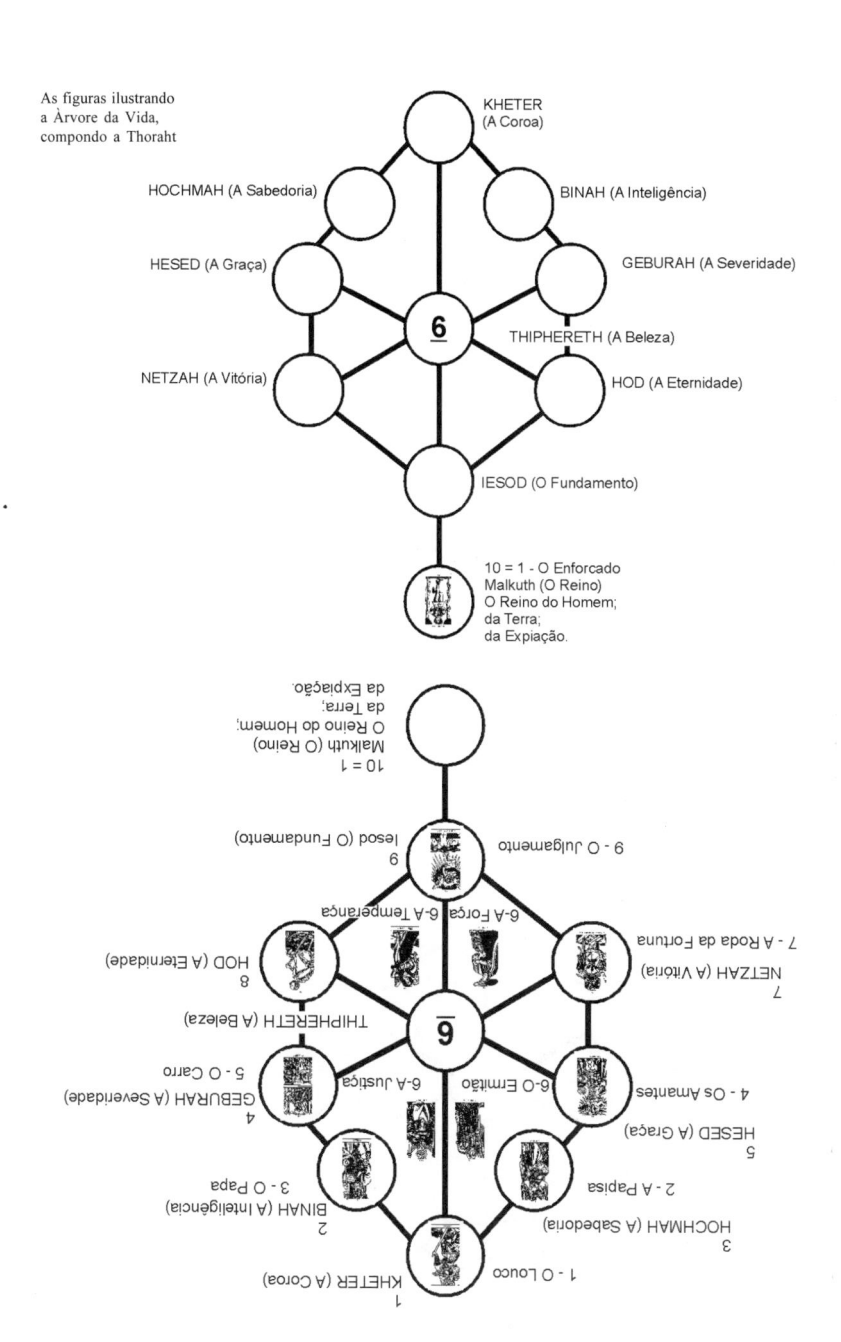

As figuras ilustrando a
Árvore da Vida,
compondo o Tharoht

O Homem

1
KHETER (A Coroa)

1 - O Mago

2
BINAH (A Inteligência)

3
HOCHMAH (A Sabedoria)

3 - o Imperador

DEUS

2 - A Imperatriz

5
GEBURAH (A Severidade)

4
HESED (A Graça)

6-O Sol

6-A Casa de Deus

5 - O Carro

4 - O Diabo

8
HOD (A Eternidade)

6

6
THIPHERETH (A Beleza)

7
NETZAH (A Vitória)

8 - A Morte

7 - A Roda da Fortuna

6-A Estrela

6-A Lua

9 - O Julgamento

9
Iesod (O Fundamento)

10 = 1 - O Mundo
Malkuth (O Reino)
O Reino de Deus;
dos Céus;
da Salvação.

10 = 1 O Enforcado
Malkuth (O Reino)
O Reino do Homem;
da Terra;
da Expiação.

IESOD (O Fundamento)

HOD (A Eternidade)

NETZAH (A Vitória)

THIPHERETH (A Beleza)

GEBURAH (A Severidade)

HESED (A Graça)

BINAH (A Inteligência)

HOCHMAH (A Sabedoria)

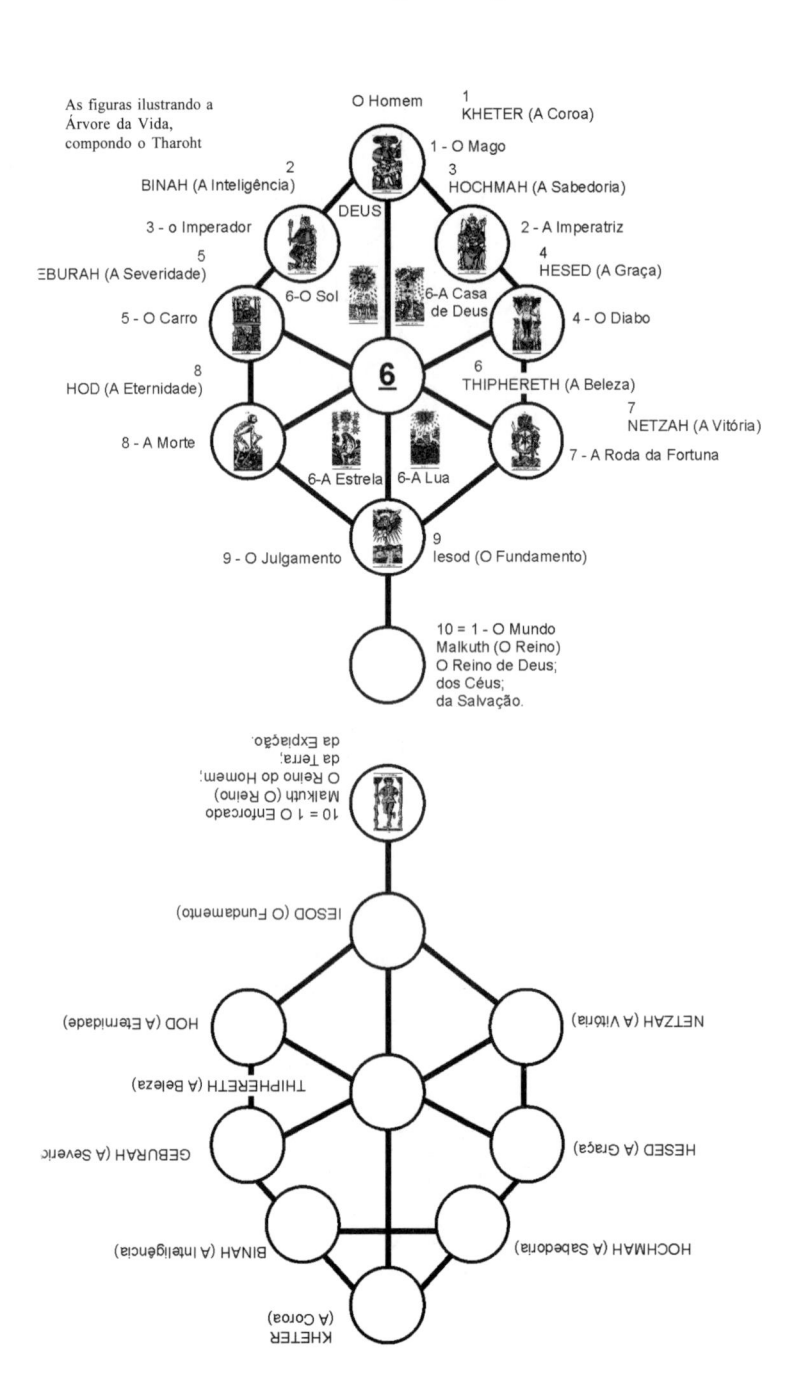

KHETER (A Coroa)

A Provável Formação dada às Cartas

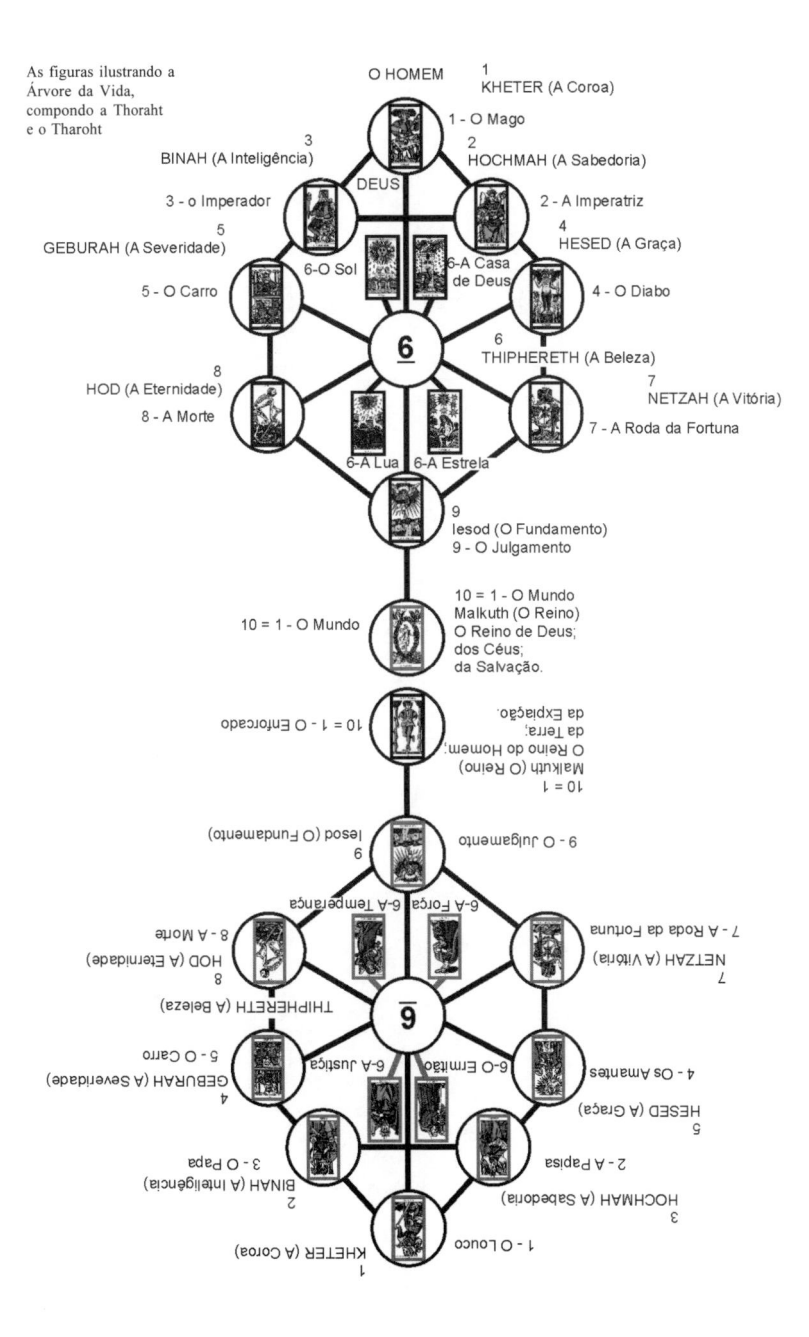

As figuras ilustrando a Árvore da Vida, compondo a Thoraht e o Tharoht

Árvore superior (direita para cima):

- O HOMEM
- 1 KHETER (A Coroa) — 1 - O Mago
- 3 BINAH (A Inteligência) — 3 - o Imperador
- 2 HOCHMAH (A Sabedoria) — 2 - A Imperatriz
- DEUS
- 5 GEBURAH (A Severidade) — 5 - O Carro
- 4 HESED (A Graça) — 4 - O Diabo
- 6-O Sol
- 6-A Casa de Deus
- 6 THIPHERETH (A Beleza)
- 8 HOD (A Eternidade) — 8 - A Morte
- 7 NETZAH (A Vitória) — 7 - A Roda da Fortuna
- 6-A Lua
- 6-A Estrela
- 9 Iesod (O Fundamento) — 9 - O Julgamento
- 10 = 1 - O Mundo
- 10 = 1 - O Mundo, Malkuth (O Reino), O Reino de Deus; dos Céus; da Salvação.

Árvore inferior (invertida):

- 10 = 1 - O Enforcado
- 10 = 1, Malkuth (O Reino), O Reino do Homem; da Terra; da Expiação.
- 9 Iesod (O Fundamento) — 9 - O Julgamento
- 6-A Força 6-A Temperança
- 8 HOD (A Eternidade) — 8 - A Morte
- 7 NETZAH (A Vitória) — 7 - A Roda da Fortuna
- 6 THIPHERETH (A Beleza)
- 6-O Ermitão 6-A Justiça
- 5 GEBURAH (A Severidade) — 5 - O Carro
- 4 HESED (A Graça) — 4 - Os Amantes
- 3 BINAH (A Inteligência) — 3 - O Papa
- 2 HOCHMAH (A Sabedoria) — 2 - A Papisa
- 1 KHETER (A Coroa) — 1 - O Louco

Conclusão

O propósito desta obra foi revelar a verdadeira mensagem de que essas 22 figuras são portadoras, trazendo à luz os mistérios que, envolvendo-as, terminava por relegá-las a um plano bem inferior ao que as colocaria onde sempre deveriam ter estado. Ocupando um lugar na história da religiosidade humana, termina, por correlação, demonstrando, por meio da saga do povo hebreu, que os homens (refiro-me aos seres humanos em geral) movidos pela fé conseguem, como neste caso, que a mesma crença que involuntariamente lhes fez que fossem infligidos os piores flagelos que um ser humano pudesse suportar, também fornecesse aos adeptos da religião judaica a força necessária para que não sucumbissem e abdicassem de sua fé, transformando as adversidades em molas propulsoras, que os impulsionaram a atingir seu objetivo de poder continuar professando sua religiosidade, em um período em que, fundamentada em um autoritarismo exacerbado, a Igreja Católica impunha a sua própria vontade, tentando impedir aos homens o livre-arbítrio de acreditar em suas próprias crenças.

O uso da crueldade com o propósito de se tornar a única depositária das doutrinas sagradas, tentando extinguir a crença que deu origem à crença que queria monopolizar, fez a Igreja Católica, ao mesmo tempo em que conseguia infundir o pavor na maioria das pessoas, incutir, ainda que numa minoria, o desejo de expressar sua religiosidade.

E foi essa minoria que, travando uma silenciosa batalha contra o autoritarismo religioso católico, acabou, ainda que veladamente, por vencê-la, pois a necessidade de manter oculta a prática dos princípios religiosos judaicos fez com que nas 22 figuras seus criadores hermeticamente os encerrassem, fazendo o conjunto de cartas passar pelo então cruel jugo da Igreja Católica. Por considerá-lo apenas como mais um jogo de baralho, a Igreja não impediu a sua utilização, e quando o fez, já se havia decorrido o tempo necessário para sua disseminação como um livro sagrado entre os secretos grupos judaicos.

Como um bálsamo, os seculares ensinamentos da Kaballah, contidos nas cartas da Thoraht/Tharoht, minoravam os sofrimentos impostos aos seguidores das religião judaica, pois, secretamente repassados, os conhecimentos sagrados incentivavam-nos a trilhar os caminhos traçados pelo seu Deus, na Árvore da Vida, fazendo com que tirassem, na prática da Thoraht, o ânimo suficiente para continuar perseverando na fé, mantendo viva a esperança de que todo sofrimento era passageiro e que o Reino dos Céus lhes estava preparado.

MADRAS® Editora — CADASTRO/MALA DIRETA

Envie este cadastro preenchido e passará a receber informações dos nossos lançamentos, nas áreas que determinar.

Nome _____
RG _____ CPF _____
Endereço Residencial _____
Bairro _____ Cidade _____ Estado ____
CEP _____ Fone _____
E-mail _____
Sexo ❑ Fem. ❑ Masc.   Nascimento _____
Profissão _____ Escolaridade (Nível/Curso) _____

Você compra livros:
❑ livrarias   ❑ feiras   ❑ telefone   ❑ Sedex livro (reembolso postal mais rápido)
❑ outros: _____

Quais os tipos de literatura que você lê:
❑ Jurídicos   ❑ Pedagogia   ❑ Business   ❑ Romances/espíritas
❑ Esoterismo ❑ Psicologia ❑ Saúde   ❑ Espíritas/doutrinas
❑ Bruxaria   ❑ Auto-ajuda ❑ Maçonaria ❑ Outros:

Qual a sua opinião a respeito dessa obra? _____
_____

Indique amigos que gostariam de receber MALA DIRETA:
Nome _____
Endereço Residencial _____
Bairro _____ Cidade _____ CEP _____

Nome do livro adquirido: ***Tharoht***

Para receber catálogos, lista de preços e outras informações, escreva para:

MADRAS EDITORA LTDA.
Rua Paulo Gonçalves, 88 — Santana
CEP 02403-020 — São Paulo — SP
Caixa Postal 12299 — CEP 02013-970 — SP
Tel.: (11) 2281-5555/2959-1127
Fax: (11) 2959-3090
www.madras.com.br

Este livro foi composto em Times New Roman, corpo 12/16.
Papel Offset 75g
Impressão e Acabamento
Hr Gráfica e Editora – Rua Serra de Paraicana, 716 – Mooca– São Paulo/SP
CEP 03107-020 – Tel.: (011) 3341-6444 – e-mail: vendas@hrgrafica.com.br